KB110533

기후변화 이야기

차례

Contents

0.74℃, 지구는 지금

"인위적인 온난화는 기후변화의 속도와 규모에 따라 지구에
돌발적인 영향을 끼치거나 복구 불가능한 상태를 초래할 수도
있다."

－『IPCC 4차 종합보고서』 중에서

인류가 큰 사고를 쳤다. 지구의 온도를 지난 100년(1906~
2005)간 0.74℃나 올려놓은 것이다. 체온이 1~2℃만 올라도 인
간이 몸져눕는 것과 같이 0.74℃의 온도 상승은 지구의 기상체
계를 뒤죽박죽 만들어 버렸다. 유럽의 폭염, 미국의 대형 허리
케인, 아프리카 최악의 가뭄, 잦은 태풍과 폭우, 폭설 등 지구에
서 일어나는 기상이변이 예사롭지 않다.

텔레비전과 신문을 통해 우리는 매일 기후변화 소식을 듣는다. 남극에 전에 없던 풀이 돋아나고 북극곰이 100년 안에 멸종하며, 따뜻해진 기온에 지반이 약해져 알래스카 원주민들의 집이 기울고 있다는 숨 가쁜 소식이 들린다. 그런데 누군가 갑자기 질문을 한다. "기후변화가 왜 일어나는 거지?", "도대체 무엇을 어떻게 해야 지구온난화를 멈출 수 있는 거야?"라고. 만약 이 질문에 대답할 수 없다면 우리는 기후변화를 진짜 위기로 인식하고 있지 않은 것이다. 위기를 인식한다는 것은 위기의 원인과 해법에 대해 알기 위해 노력하는 일에서부터 시작되기 때문이다.

지금 우리가 직면한 위기는 이렇다. 북극곰의 발밑에서 얼음이 깨지고 있다. 북극곰은 더 이상 헤엄칠 기력이 없는데 내딛는 얼음 덩어리마다 산산조각 부서지고 만다. 몇 번의 시도 끝에 헤엄을 포기한 북극곰은 물속으로 가라앉는다. 같은 시간 나는 난방이 잘된 방 안에 앉아 컴퓨터 자판을 두드리며 따뜻한 커피 한 잔을 마시고 있다. 지구가 말을 한다. "당신의 일상생활이 북극곰을 죽였다. 북극곰을 죽인 도구는 지금 당신이 배출하고 있는 이산화탄소다."라고.

인간이 편안한 일상생활을 누리기 위해 사용한 화석연료에서 이산화탄소가 배출된다. 대기 중에 축적된 이산화탄소는 온실효과를 일으켜 지구의 온도를 올리고 지구 저편에서 누군가의 생명을 해치는 무기로 돌변하고 있다. 죽어 가는 생명은 비단 북극곰만은 아니다. 북극에서 사냥을 나갔다 얼음이 깨져

익사하는 이뉴잇과 해수면 상승으로 가라앉는 태평양 섬나라 사람들은 이미 기후변화의 최전선에 서 있다. 기후변화로 생명의 위기에 처한, 지구에서 가장 연약한 사람들이다.

"미국 로키 산맥에 서식하는 에디스의 체커스폿이라는 나비는 기온보다는 적설량을 기준으로 번데기에서 나오는 시간과 짝짓기 시기가 결정된다. 이 나비는 5~6월에 번데기에서 나오는 것이 보통인데, 로키 산맥에 눈이 내리지 않으면서 4월에 일찍 번데기에서 나왔다. 예정보다 일찍 세상에 나온 나비는 꽃을 찾아 헤매다가 굶어 죽었다. 나비의 몸에서 떨어져 나온 부드러운 날개로 온 산은 오렌지 빛깔 카펫으로 뒤덮였고, 몇 번의 때 이른 짝짓기가 실패로 돌아감에 따라 로키 산맥 주위에서는 이 나비를 볼 수 없게 됐다."
– 『핫 토픽: 기후변화, 생존과 대응전략』 중에서

나비의 오렌지 빛깔 날개로 무수히 덮인 로키 산맥을 상상하면 색채의 마술사 '샤갈'의 그림이 떠오른다. 몽환적인 분위기의 화려한 색감이 처연한 멸종을 더욱 강조한다. 체커스폿 나비 다음은 누구인가.

이 책은 기후변화에 대한 '공포'를 조성하기 위해 쓴 것이 아니다. 우리 시대 가장 중요한 '기후변화'라는 이슈에 대한 안내서이다. 글은 총 3개의 장으로 구성돼 있다. 1장에서는 기후변화에 대한 과학적 사실을 다루었다. 기후변화 현상과 영향에 대해 알아야 할 내용을 정리했다. 과학적 사실에 대한 내용은 보수적인 전망을 담은 IPCC 보고서를 기본으로 최신 연구결과를 인용했다. 2장에서는 기후변화를 둘러싼 정치경제를 중심으로 우리가 기후변화에 어떻게 대처하고 있는지를 다뤘다. 국제사회는 온실가스 감축에 소극적이다. 기후변화의 심각성을 경고할 때 "서서히 끓는 물속에서 개구리는 서서히 삶아져 죽고 만다."라는 표현을 쓰는데, 지금 상황은 모두가 개구리처럼 서서히 끓고 있는 지구라는 솥단지 속에 앉아 걱정만 하고 있는 상황이다. 3장에서는 우리가 지금 당장 무엇을 어떻게 해야 하는가에 대한 방향을 제시하고 있다. 기후변화에 맞서 온실가스 배출을 줄이고, 올라가는 지구의 온도에 적응하기 위한 다양한 대안을 다루고 있다.

21세기 핵심 키워드는 '기후변화'이다. 우리가 경계해야 할 것은 넘치는 정보와 막연한 공포감 속에 대중들이 기후변화를 막기 위한 일을 제대로 시작도 해 보기 전에 '포기'하거나 '환경피곤증'에 빠지는 일이다. 이 책을 읽은 독자들이 기후변화를 막기 위한 일을 포기하지 않고 무엇인가 실천에 옮길 수 있기를 기대한다. 우리에게 아직 변화를 이끌어 낼 시간이 남아 있다.

지구는 점점 더워지는가?

기후변화는 명백한 '사실'이다. '기후변화에 관한 정부 간 협의체(Intergovernmental Panel on Climate Change, 이하 IPCC)'[1]는 2007년 「4차 기후변화 평가보고서」[2]를 통해 "기후 시스템의 온난화는 지구 평균기온과 해수 온도 상승, 광범위한 눈과 얼음의 융해, 평균해수면 상승 등의 관측 자료를 통해 명백히 나타난다."라고 밝혔다. 또한 '지구온난화' 진행속도는 2001년 발표된 3차 보고서의 예측치를 넘어 예상보다 빠르게 진행되고 있다고 경고했다. 지구가 점점 더워지는 것이다.

기후변화는 지구의 세계기후 또는 지역기후의 시간에 따른 변화를 말한다. 10년에서부터 수백만 년 기간 동안 대기의 평균상태 변화를 의미하는데, 최근에는 '지구온난화'로 인한 기후변화를 가리키는 경우가 일반적이다.[3] 지구의 기온 상승은 지구 전체에 광범위하게 나타나고 있으며 북반구 고위도로 갈수록 더 크게 나타난다.

지난 100년(1906~2005) 동안 지구 표면 온도는 0.74℃ 상승했다.[4] 지난 100년간 가장 더웠던 열두 번의 해는 모두 1983년 이후에 나타났다. 1℃도 채 안 되는 온도 상승에 지구는 마치 '독감'에 걸린 아이처럼 이상징후를 나타내기 시작했다. 2003년 유럽에선 여름철 이상고온으로 35,000여 명이 사망했다. 같은 해 인도와 파키스탄, 방글라데시에서는 1월 최저기온이 평년보다 10℃ 낮은 이상저온 현상이 발생해 1,000여 명이 저체온증으로 사망했다. 6월에는 인도에서 40℃가 넘는 이상고온 현상이 발생해 탈수증과 열사병으로 15,000여 명이 사망했다.[5]

기온이 높아지면 대기 중 수분 함유량이 높아지고 강수량이 증가한다. 반면 특정 지역에서는 기온이 높아지면 건조화가 진행되면서 가뭄이 심해지기도 한다. 태풍 발생이 증가할 가능성도 높아진다. 동남아시아에서는 잦은 태풍으로 많은 피해가 발생하고 있으며 아프리카 지역은 장기간 가뭄으로 사막화 지역이 확산되고 있다.

세계기상기구(WMO)는 2005년을 열파, 가뭄, 홍수, 허리케인 등 '극한기후[6] 현상으로 점철된 해'로 규정했다. 2005년 유럽 대륙과 북아프리카에 몰아친 강력한 열파, 스페인과 포르투갈을 괴롭힌 최악의 가뭄, 러시아와 동유럽, 스위스, 오스트리아,

독일, 체코에서 발생한 홍수, 미국 동남부 일대에 발생한 사상 최다 빈도의 허리케인이 지구촌을 뒤흔들었다. 해수면 상승으로 홍수 위험이 높아지는 지역에서 폭풍우 피해가 추가되어 막대한 피해가 발생했다. 이상기후로 인한 피해가 심해지자 사람들은 0.74℃의 지구 온도 상승에 대해 관심을 갖게 됐다.

지구의 온도는 왜 올라가는 것일까?

태양은 지구에 있는 모든 생명의 에너지원이다. 태양에너지는 빛의 형태로 지구 표면에 도달하는데, 대기층을 통과한 에너지는 지구의 온도를 높인 뒤 적외선 형태로 다시 지구 밖으로 방출된다. 지구에 이렇게 다양한 생명체가 살아갈 수 있는 것은 태양과 적당한 거리에 위치해 있기 때문이다. 태양과 너무 가깝거나 멀면 생명체가 살아갈 수 없다. 그런데 정확하게 이야기하면 지구는 생명체가 살아가기엔 태양에서 조금 멀리 떨어진 곳에 위치해 있다. 그래서 지구에 대기권이 존재하지 않고, '온실가스'가 없다면 지구 평균기온[7]은 영하 18℃로 생명이 살기에 적합하지 않을 수도 있다. 다행히 지구에는 대기권이 있고, 그 속에 온실가스가 있다. 온실가스는 우주로 방출되는 복사에너지의 일부를 흡수해 지구 평균기온을 15℃로 유지시켜주는 역할을 한다.

문제는 이렇게 고마운 역할을 하는 온실가스가 대기 중에 너무 많이 방출되면서 발생한다. 온실가스가 많아지면서 대기를 탈출해 지구 밖으로 나가야 할 적외선 복사에너지가 대기 중에 갇히는 것이다. 이불을 한 겹 덮고 있을 때에는 따뜻하지만 두 겹 세 겹 덮으면 갑갑하고 덥듯이, 지구도 온실가스 농도가 높아지면서 평균기온이 상승하고 있다.

온실효과를 일으키는 온실가스

지구온난화는 대기 중 온실가스(GHGs: Greenhouse Gases) 농도 증가로 온실효과가 발생하여 지구 표면의 온도가 점차 상승하는 현상을 말한다. 온실효과를 일으키는 6대 온실가스는 이산화탄소(CO_2), 메탄(CH_4), 아산화질소(N_2O), 수소불화탄소(HFCs), 과불화탄소(PFCs), 육불화황(SF_6)이다. IPCC 보고서에 따르면 18세기 말 산업혁명 이후, 화석연료 연소와 토지 이용 변화를 포함한 인간 활동 때문에 대기 중의 온실가스가 급증하고 있다.

인간 활동에 의해 발생하는 온실가스 중에서 가장 많은 양을 차지하는 기체가 화석에너지 연소로 발생되는 이산화탄소이다. 이산화탄소는 전체 온실가스 배출량의 77퍼센트(화석연료사용 57퍼센트, 산림 벌채·벌목 및 토탄지 감소 17퍼센트, 기타 3퍼센트)를 차지한다. 발전소에서 전기를 만들거나 공장에서 물건을 생산하기 위해 사용하는 석유와 석탄, 자동차와 비행기 및 건물 냉난방에 쓰이는 석유와 천연가스 같은 화석연료 연소가 대기 중 이산화탄소 배출을 증가시켰다. 한편으로 탄소흡수원 역할을 하는 산림과 열대밀림이 빠른 속도로 파괴됐기 때문에 이산화탄소 농도는 더욱 증가하고 있다.

IPCC 실무그룹1의 기후변화과학 부문 보고서에 따르면 대기 중 이산화탄소 농도는 산업혁명 이전 280피피엠[8]에서 2005년 379피피엠으로 증가했다. 연간 배출량은 1970년부터 2004년까지 80퍼센트나 증가했다. 지난 40만 년 동안 변화해 온 지구의 평균온도 변화와 이산화탄소 농도 변화 추이는 놀랍도록 일치한다. IPCC 4차 보고서는 이러한 상태가 지속된다면 2030년 전 세계 이산화탄소 배출량은 2000년 대비 최고 110퍼센트 증가할 것이라고 전망했다.

온실가스	지구온난화지수	주요 발생원	배출량
이산화탄소(CO_2)	1	에너지 사용, 산림 벌채	77%
메탄(CH_4)	21	화석연료, 폐기물, 농업, 축산	14%
아산화질소(N_2O)	310	산업공정, 비료 사용, 소각	8%
수소불화탄소(HFCs)	140~11,700	에어컨 냉매, 스프레이 분사제	
과불화탄소(PFCs)	6,500~9,200	반도체 세정용	1%
육불화황(SF_6)	23,900	전기 절연용	

CO_2를 기준으로 한 온실가스별 지구온난화지수와 주요 발생원(IPCC 4차 보고서, 2007).

온실가스가 온난화에 미치는 영향을 지수로 나타낸 것을 '지구온난화지수'라고 하는데, 온난화지수가 높을수록 미치는 영향이 크다. 이산화탄소의 온난화지수가 1이라면 메탄은 무려

21이나 된다. 메탄은 농축산업 분야에서 많이 발생하는데, 소의 트림이나 방귀, 가축 분뇨에서 나온다. 메탄은 산업혁명 이전 715피피비에서 2005년 1,774피피비[9]로 2배 이상 증가했다. 아산화질소도 비료 사용량이 증가하면서 대기 중에 쌓이고 있다. 아산화질소의 온난화지수는 310이다.

온난화지수가 매우 높으면서도 자연 상태에서 발생하지 않는 인공적인 온실가스도 있다. 냉매, 스프레이 분사제 등 산업 공정에서 사용되는 수소불화탄소와 반도체 제조 공정에서 대기로 방출되는 과불화탄소, 육불화황 등이 그것이다.

온실가스 중에서 온난화지수가 가장 낮은 이산화탄소가 지구온난화의 주요 원인으로 지목되는 이유는 다른 온실가스보다 양이 월등히 많고, 산업화와 더불어 대기 중 농도가 급속히 증가하고 있기 때문이다.

기후변화 현상

지구의 온도는 얼마나 빨리 올라가고 있는가? IPCC 3차 보고서에서는 1901년에서 2000년까지 100년간 지구 평균온도가 0.6℃ 상승한 것으로 나타났다. 4차 보고서에서는 지난 100년간(1906~2005) 지구 평균온도가 0.74℃ 상승한 것으로 나타났다. 최근 10년간 온도 상승 곡선은 더욱 가파르다. 1850년 이래 가장 더웠던 열두 번 중 열한 번이 최근 12년 사이에 집중됐다.

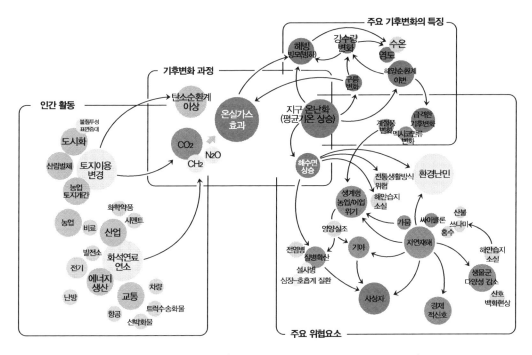

기후변화 과정과 영향(유엔 기후중립 가이드–CCCC, 2008).

기온은 겨우 0.74℃ 상승했지만 그 영향은 엄청나다. 먼저 해수면이 상승했다. 해수의 열팽창과 빙하, 빙모, 극지방 빙상[10]의 융해에 의해 해수면이 상승하고 있다. 지구 평균해수면은 1961년 이후 연간 1.8밀리미터 상승했으나 1991년 이후에는 연간 3.1밀리미터로 상승 속도가 빨라졌다. 남태평양 섬나라인 투발루에서는 해수면 상승으로 침수가 시작됐다.

위성 관측 결과 북극의 해빙(海氷) 면적도 1978년 이후 매 10년간 2.7퍼센트 감소했고, 여름철에는 7.4퍼센트나 감소했다. 북반구 적설량도 점점 감소하고 있다. 바다표범과 물개 개체수가 현저히 줄었고, 상당수 과학자들은 북극곰이 100년 이내에 멸종할 것이라 전망하고 있다.

지구에서 일어나는 기후변화 과정과 영향을 살펴보자. 인간의 경제활동 결과로 산업과 에너지 생산, 교통 부문에서 화석연료를 대량으로 연소해 온실가스를 배출하고, 도시화와 산림 벌채, 농업용지 개간으로 탄소흡수원이 사라지고 있다. 온실가스 배출은 지구의 온도를 상승시켜 빙하와 만년설이 녹고 구름량과 강수량에 변화를 가져온다. 그 결과 바닷물의 수온과 염도가 변하고, 해양순환이 영향을 받는다. 해양순환의 변화는 급격한 기후변화로 이어지며, 기상이변은 생계형 농업과 어업에 영향을 미친다. 기상이변은 가뭄, 사이클론, 홍수, 산불과 같은 자연재해를 일으키고, 그 결과 사상자와 환경난민을 만들어 낸다. 지금 우리는 기후변화가 일으킨 기아, 질병확산, 생물다양성 감소, 경제손실을 경험하고 있다.

점점 더워지는 지구에서 일어나고 있는 일

녹아내리는 북극과 남극

지구온난화의 징후를 가장 잘 보여 주는 곳이 북극과 남극이다. 북극의 해빙은 여름에 녹았다가 겨울에 다시 얼어붙는다. 온난화가 진행되면서 얼음이 녹아내리는 속도에 가속도가 붙었다. 얼음은 거대한 거울처럼 태양 복사에너지를 대부분 반사하지만, 바닷물은 에너지를 흡수한다. 한번 해빙이 녹아내리기 시작하면, 태양빛을 반사하는 양은 줄어들고 빛을 흡수한 바닷물은 더 따뜻해져서 얼음을 더 빨리 녹이는 결과가 발생한다.

2007년 미국 지구물리학회 연례총회에서 발표된 일부 예측모델들은 빠르면 2030년경 북극해의 얼음이 여름철에는 완전히 사라질 수도 있다고 보았다. 실제로 캐나다 최북단의 북극해에 위치한 워드 헌터 섬의 2008년 여름 기온은 예년보다 15℃나 높은 20℃로 관측되었다.

북극의 해빙은 지구의 기상, 기후, 해류 순환에서 중요한 역할을 하고 있다. 전 세계의 해류는 마치 거대한 뫼비우스의 띠처럼 하나로 이어져 있는데, 이를 '지구해양 대순환벨트'라고 한다. 적도의 뜨거워진 바닷물은 극지로 이동해 열을 전달하고, 극지의 차가운 심층수가 적도로 이동하면서 지구의 기후가 조절된다. 이 같은 해양 대순환의 엔진 역할을 하는 것이 수온과 염도의 차이이다. 그러나 지구온난화로 극지방에 차가운 담수가 유입되면 바닷물의 표층과 심층의 수온과 염분 농도의 차이가 줄어들고 해류의 순환은 둔화된다. 서로 다른 성질의 바닷물이 부딪치면서 해수가 수직 하강해 형성되는 해수의 심층 순환이 약화되기 때문이다. 해양 대순환의 흐름을 통한 열 교환이 약해지면 저위도와 고위도의 열적 불균형 상태가 커진다. 그리고 이 같은 열적 불균형을 해소하기 위해 기상현상은 훨씬 더 급격하게 변한다.

더 나쁜 소식은 북극권 대륙 동토층에 매장돼 있는 메탄가스가 새어 나오고 있다는 사실이다. 2008년 국제 시베리아 대륙붕 연구팀은 북극 해저에 매장돼 있던 메탄가스가 바다 수면에 기포로 떠오르고 있다고 밝혔다. 지구 마지막 빙하기 이전에 북극의 영구 동토층 아래에 매장된 메탄가스가 대량으로 대기에 방출될 경우 지구온난화는 걷잡을 수 없이 빠른 속도로 진행된다. 메탄은 온난화지수가 이산화탄소의 21배에 달한다는 사실을 기억하자. 시베리아에서는 동토층이 녹으면서 매머드 상아가 드러나자 주민들이 내다파는가 하면, 지반이 녹아 건물이 무너지는 일도 발생하고 있다.

북극이 유라시아 대륙과 북아메리카 대륙에 둘러싸인 바다라면 남극은 얼음으로 덮인 거대한 대륙이다. 북극의 해빙이 사라지는 것은 해수면 상승과 상관없지만 산악 빙하와 남극, 그린란드 육지 빙붕과 같이 땅 위에 있던 얼음이 녹아 바다로 흘러 들어가면 해수면이 상승한다.

2009년 덴마크 코펜하겐에서 열린 국제기후변화과학회의(ISCCC)에서 기후전문가들은 지구온난화로 인한 해수면 상승이 2년 전 UN이 예측한 것보다 두 배는 빠르게 진행되고 있어 2100년까지 해수면이 1미터 이상 상승할 것이라고 발표했다. 해수면 상승의 주요 원인은 해수의 열팽창이지만 더불어 그린란드와 남극대륙 서쪽 빙붕이 빠른 속도로 녹아내리는 것도 영향을 미친다. 해수면이 상승하면서 투발루, 몰디브, 키리바시, 카트레츠와 같은 태평양의 섬과 방글라데시(갠지스강, 브라마푸트라강), 이집트(나일강), 나이지리아(니제르강)와 같이 강 하구에 위치한 국가들은 국토의 일부가 물에 잠길 위기에 처해 있다.

기상이변으로 인한 자연재해

폭우와 홍수, 가뭄, 폭염과 같은 극단적 기후현상이 인간의 생명을 위협하고 있다. 지구온난화로 바닷물의 온도가 올라가면서 바다 에너지가 허리케인에 전달돼 그 위력이 거세지고 있다. 매사추세츠 공과대학은 2005년 "1970년대 이래 대서양과 태평양에서 발생한 주요 폭풍들의 지속력과 강도가 50퍼센트 가까이 높아졌다."라고 발표했다. 같은 해 8월 29일 아침, 미국 남부를 강타한 초대형 허리케인 '카트리나'는 미시시피강 제방을 무너뜨려 뉴올리언스 지역의 80퍼센트를 침수시켰다. 카트리나는 멕시코 만의 높은 수온과 결합해 초대형 허리케인이 된 것이다.

뉴올리언스에서는 카트리나로 인해 약 1,500명이 숨지고 80만 명의 이재민이 발생했으며, 140조 원의 경제적 피해를 입었다. 저소득층의 경우 제대로 대피하지 못한 탓에 인명 피해가 더욱 크게 나타났고, 카트리나를 겪은 지역 주민들의 자살률은 아홉 배나 증가했다.

우리나라에서도 태풍[11]이 빈번하게 발생하고 있다. 2002년 8월 태풍 '루사'로 강릉 지역은 하루 870밀리미터의 비가 내려 일 최고 강수량 기록을 경신하면서 5조 원이 넘는 재산 피해를 입었다. 2003년에는 태풍 '매미'로 전국에서 130여 명의 인명 피해와 4조 7,800억 원의 재산 피해가 발생했다. 그해 국내총생산(GDP)의 1퍼센트에 해당하는 손실이다.

2007년 여름, 기상청은 한반도에서도 강력한 '슈퍼태풍'이 발생할 가능성이 높다고 경고한 바 있다. 태풍을 일반적으로 5등급으로 나눌 때 4등급 이상을 슈퍼태풍이라고 하며, 이는 초속 65미터[12] 이상의 강풍과 하루 1,000밀리미터 이상의 폭우를 동반한다. 슈퍼태풍은 자동차를 뒤집고 대형구조물을 부술 수 있는 엄청난 위력을 가지고 있다. 제주대학교 문일주 교수의 연구에 따르면, 태풍의 강도를 결정짓는 요소 중 가장 중요한 것은 해수면 온도인데, 지구온난화 때문에 한반도 연안 온도가 갈수록 높아지고 있어 슈퍼태풍이 발생할 가능성이 높아지고 있다고 한다.

사막화, 가뭄, 산불

지구온난화로 인한 기후변화는 전 세계적으로 강수량을 증가시켰지만 한편으로 강수 패턴을 변화시켜 지역별로 큰 차이를 만들어 내고 있다. 이로 인해 지구촌 한쪽에서는 물난리를 겪고 있고, 다른 한쪽은 극심한 가뭄에 시달리고 있다. 1900년부터 2005년까지 북아메리카와 남아메리카 동부, 북유럽, 북아시아와 중앙아시아에서는 강수량이 증가했으나 사헬(사바나), 지중해, 남아프리카, 남아시아 지역에서는 오히려 감소했다. 일례로 세계에서 여섯 번째로 큰 호수였던 차드 호수(아프리카 대륙 중앙에 위치)가 40년 만에 증발해 버렸다. 강수량이 줄어드는 데다 물 사용량이 늘어났기 때문이다. 호수가 사라지자 어업과 농업 기반이 무너졌고, 사람들은 차드 호수를 떠나야 했다. 차드, 나이지리아, 카메룬, 니제르가 직접적인 피해를 입었다. 수단의 다르푸르에서는 최악의 가뭄으로 인해 발생한 주민들의 폭력사태로 집단 학살이 일어나기도 했다.

따뜻해진 대기는 바닷물의 증발을 촉진시켜 비를 내리게도 하지만 토양에 함유된 습기를 쉽게 증발시키기도 한다. 그래서 온난화는 사막화를 촉진시킨다. 건조한 토양에서는 식량 생산량도 떨어지고, 불도 자주 난다. 대표적으로 호주는 가뭄과 더불어 빈번하게 일어나는 산불로 많은 피해를 입고 있다. IPCC 보고서에 따르면 금세기 중반까지 온도 상승과 토양 수분 감소로 아마존 동부 지역의 열대우림이 점차 초원으로 변할 것이고, 반건조 식생은 건조 식생으로 변한다고 한다.

생태계 교란

지구온난화로 봄이 빨리 시작되고 동식물의 서식 범위가 극지방과 고지대로 이동하고 있다. 수목한계선의 위도와 고도가 상승하며, 초식동물은 먹이를 찾아 산 위로 이동하고 있다. 2008년 5월 미국은 북극곰을 멸종 위기 종으로 지정했다. 허드슨 만에 서식하는 북극곰의 수는 1987년 1,200마리였던 것이 2004년에는 950마리로 감소했다. 남극의 바닷새는 물 표면의 물고기를 잡아먹는데, 1997년 물 표면의 온도 상승으로 인한 스트레스로 물고기들이 대량으로 죽고 말았다. 바닷새는 먹이를 구하기 위해 더 깊게 다이빙을 해야 했고, 결국 새들도 굶주리며 죽어 갔다. 지구온난화가 초래한 서식환경 변화가 야생동물을 멸종 위기로 내몰고 있다.

산호초도 사라지고 있다. 2008년 12월 국제자연보호연맹 (IUCN)은 전 세계 산호초의 5분의 1이 이미 사라졌으며 온실가스 배출량을 줄이지 않으면 향후 20~40년 안에 대부분의 산호초가 사라질지도 모른다는 연구결과를 발표했다. 산호초는 열 스트레스에 취약하다. 따라서 바닷물의 온도가 약 1~3℃ 상승하면 산호초가 백화현상으로 사라지는 것이다.

수온 상승만이 아니라 바닷물의 산성화도 해양생태계를 황폐화한다. 바다는 화석연료 연소로 방출되는 이산화탄소를 흡수하는데, 바닷물에 용해된 이산화탄소가 바닷물을 점차 산성화시킨다.[13] 1750년 이래 해수의 pH가 평균 0.1 감소했다. 미국해양대기청(NOAA) 과학자들은 바닷물 산성화로 인한 해양 동물의 껍데기와 골격 부식을 경고하고 있다.

지구 평균기온 상승이 1.5~2.5℃(1980~1999년 대비)를 넘어서면 지구 생물종의 20~30퍼센트는 멸종 위기에 처하며, 3.5℃를 초과할 때는 지구 생물종의 40~70퍼센트가 멸종 위기에 처한다. 이 같은 생물종의 멸종은 단순히 한 종의 멸종에서 끝나는 것이 아니라 전체 먹이사슬 체계를 망가뜨리면서 생태계에 교란을 일으킨다.

건강영향

세계보건기구(WHO)는 2008년 세계 보건의 날 테마를 '기후변화'로 설정했다. WHO는 「기후변화와 건강」이라는 보고서를 통해 기후변화로 인한 사망자가 세계적으로 연간 16만 명에 달한다고 발표했다. 기후변화와 관련된 폭염, 자연재해, 전염병으로 인한 사망자를 추산한 것이다.

WHO는 기근을 직접적인 사망자 증가 요인으로 보았다. 기후변화에 극히 민감한 농업 부문에서 잦은 가뭄과 홍수로 인해 식량 생산량이 줄어들고, 그에 따라 영양실조가 증가했다는 것이다. IPCC 보고서에 의하면 2020년까지 7,500만~2억 5,000만 명이 기후변화로 인한 물 부족 스트레스를 겪을 것으로 예측된다. 2020년까지 일부 국가에서 천수답 농사의 수확고가 최대 50퍼센트 감소될 수 있다. 아프리카 여러 나라에서는 식품 공급을 비롯해 농산물 생산량이 심각하게 감소해 기근이 심해질 것으로 보인다. 또한 물 부족이나 홍수는 물을 오염시키고, 설사성 질병을 증가시킨다.

갑작스러운 폭염과 질병보균체 또는 매개체가 되는 곤충의 분포 범위 확산도 건강에 위협 요인이 된다. 폭염이 계속되면 심장질환, 고혈압, 호흡기질환 등으로 인한 사망이 증가한다. 특히 노약자들의 건강에 큰 영향을 미치는데, 열 방출을 위해 피부로 혈액을 더 많이 보내는 과정에서 심장이 큰 부담을 느끼기 때문이다.

2003년 프랑스에서는 폭염으로 인한 사망자가 15,000명에 달했고, 유럽 전체로는 35,000명이 생명을 잃었다. 우리나라도 1996년 이후 여름철 폭염이 10일 이상 지속되는 사례가 꾸준히 증가하면서 연도별 사망자 수도 증가하는 추세다. 환경부에 따르면 1994~2005년 여름철 서울, 대구 등 대도시 지역에서 더위로 인한 사망자는 2,127명으로, 기상재해로 인한 사망·실종자 1,219명보다 많은 것으로 나타났다. 또한, 폭염 현상은 농촌 지역보다 열섬 현상 등으로 높은 기온을 나타내는 도시 지역 거주자에게 더 큰 피해를 준다.

기온 및 강우 패턴의 변화는 질병을 일으키는 곤충의 숫자를 증가시킨다. 동아프리카 고원 지대의 경우 지난 30년간 기온이 지속적으로 증가하면서 모기의 수가 크게 늘어났고, 그 결과 말라리아가 확산됐다.

지구 온도가 계속 오르면 어떤 현상이 발생할까?

「IPCC 배출 시나리오에 관한 특별보고서(IPCC Special Report on Emission Scenarios: SRES, 2000)」에 따르면 2000년에서 2030년까지 전 세계 온실가스는 25~90퍼센트 증가할 것이며, 화석연료는 2030년 이후에도 전 세계 에너지원에서 주도적 위치를 지킬 것이라고 전망한다.

그렇다면 지금처럼 지구의 온도가 계속해서 오르면 2020년경에는 어떤 현상이 발생할까? 약 1℃가 상승한 지구에서 적게는 4억, 많게는 17억 명이 물 부족에 시달리게 된다. 야생동물 중에서 온도 변화에 민감한 개구리, 뱀, 맹꽁이와 같은 양서류와 파충류는 멸종 위기에 처하고, 알레르기 질환과 전염병이 확산될 가능성이 높다. 아시아의 해안가 도시들과 강 하구 도시들은 침수 위기에 처한다. 앞으로 10여 년 뒤에 벌어질 가능성이 높은 일들이다. 2050년에는 2~3℃ 상승하고 생물체의

20~30퍼센트가 멸종 위기에 처한다. 2080년에는 지구의 온도가 3℃ 이상 올라가고 지구 생명체의 90퍼센트가 멸종할 것으로 전망되고 있다.

지구의 대재앙을 막으려면 지구 평균기온 상승을 어떻게든 막아야 한다. 온실가스 배출량을 급격하게 줄여 나가야 하는 것이다. 문제는 지금 당장 배출을 줄인다 하더라도 수십 년간 기온상승은 불가피하다는 것이다. 이미 배출된 대기 중의 온실가스가 자연 소멸하는 데 시간이 걸리기 때문이다.

	2020년대 (1℃ 상승)	2050년대 (2~3℃ 상승)	2080년대 (3℃ 이상 상승)
수자원	4~17억 명 물 부족 영향	10~20억 명 물 부족 영향	11~32억 명 물 부족 영향 전 세계 인구의 5분의 1이상 홍수영향
생태계	양서류의 멸종 산호초의 백화현상 종 다양성 변화	20~30% 멸종 위기	지구 생물의 대부분 멸종 이산화탄소에 의해 지리적 생물권 분포 변화
식량	대체로 전 지구적 농작물 수확잠재량 증가[14] 1,000~3,000만 명 기근 위협		저위도 지역의 적응잠재력 감소 중고위도 지역의 수확량 감소 3,000~1억 2,000만 명 기근 위협
해안	홍수와 폭우 위험 증가	3백만 명 홍수 위험	해안가 30퍼센트 이상 유실 1,500만 명 이상 홍수 위협
건강	알레르기 및 전염성 질병확산		영양부족, 과다출혈, 심장관련 질병 증가 열파, 홍수, 가뭄으로 사망 증가

지구 평균온도 변화와 관련된 영향(IPCC 4차보고서, 2007).

뜨거운 물속의 개구리는 금방 뛰쳐나온다. 그러나 미지근한 물에서 서서히 데워지는 개구리는 가만히 있다가 삶아져 죽고 만다. 지구온난화는 어찌 보면 천천히 진행되는 것 같아 보인다. 하지만 지금 우리가 아무것도 하지 않으면 영화 〈투모로우〉와 〈불편한 진실〉의 경고를 현실에서 경험하게 될지도 모른다.

기후변화 해법 – '완화'와 '적응'을 동시에

　　IPCC는 인류가 지금과 같이 화석연료에 의존한 대량소비형 사회를 지속한다면, 금세기 말(2090~2099) 지구 평균기온은 최고 6.4℃, 해수면은 59센티미터 상승한다고 전망했다.[15] 지구 전체가 자연친화형 사회로 전환한다 해도 지구 평균기온은 최저 1.1℃에서 최고 2.9℃ 상승한다. 과학자들이 전망한 지구의 미래에 대한 6가지 시나리오를 받아든 상태에서 우리는 어떤 대책을 세워야 할까?

시나리오	최적추정치	CO_2농도	기온(℃)	해수면 상승(미터)
2000년 수준으로 농도 고정	0.6		0.3~0.9	참고 예상 수치 없음
자연친화형 사회	1.8	550ppm	1.1~2.9	0.18~0.38
비화석에너지원 사용	2.4	540ppm	1.4~3.8	0.20~0.45
자연친화형 사회 (지역 수준)	2.4	600ppm	1.4~3.8	0.20~0.43
균형발전 사회	2.8	720ppm	1.7~4.4	0.21~0.48
발전지향 사회	3.4	830ppm	2.0~5.4	0.23~0.51
화석에너지 집중 사용	4.0	970ppm	2.4~6.4	0.26~0.59

21세기 말 지구 평균 온난화와 해수면 상승 전망
1980~1999년 대비 2090~2099년 평균 기준(IPCC 4차 보고서, 2007).

　　기후변화에 대한 해법은 두 가지로 요약된다. 하나는 '완화'이고 다른 하나는 '적응'이다. 먼저 최악의 시나리오는 피해야 한다. 지구의 온도가 최고 6.4℃ 이상 오르지 않도록 어떻게든 온실가스를 감축해야 한다. 또한 당장 모든 온실가스 배출을 멈춘다 하더라도 우리가 지금까지 대기 중에 배출한 온실가스 때문에 지구의 온도는 계속해서 올라간다. 따라서 앞으로 지구의 온도는 적어도 1.1℃ 이상 오른다고 생각하고 적응 대책을 수립해야 한다.

기후변화는 과도한 온실가스 배출로 인해 발생하기 때문에 온실가스 배출을 줄여 지구의 온도 상승을 막아야 한다. 따라서 기후변화협약 당사국 총회에서도 온실가스 감축 방안이 주로 논의되고 있다. 전 세계는 온실가스 발생의 원인이 되는 에너지, 수송, 산업, 농업, 산림, 건축, 폐기물 등 다양한 분야에서 온실가스를 줄이는 계획을 세우고 실행에 옮겨야 한다. 온실가스 배출을 규제할 수 있는 다양한 방법으로 세금, 부과금, 재정 인센티브, 연구개발과 같은 정책 수단을 마련해야 한다.

그러나 온실가스 배출량을 줄이는 완화 대책만으로는 이미 시작된 기후변화의 '관성'을 막을 수 없다. 지금 당장 온실가스 배출량을 80퍼센트 줄이거나 아예 방출을 하지 않는다 하더라도 이미 배출된 온실가스가 대기권에 남아 있기 때문이다. 그렇기 때문에 우리는 '적응' 대책을 함께 세워야 한다. 적응이란 새로운 기상현상에 맞춰 사회 시스템을 전환하는 것이다. 해수면 상승에 대비해 해안가 주민들의 안전을 확보하는 것, 기후변화로 인한 농작물 작황의 변화에 대비해 변화된 기후에 적합한 농작물의 종자를 확보하고 경작 방법을 바꾸는 것, 강력한 태풍에 대비해 대피 시스템을 갖추고 하수도를 정비하는 것 등이 모두 기후변화 적응 방안이라고 할 수 있다.

하지만 완화와 적응을 동시에 실행하는 것은 쉽지 않다. 예를 들면 이런 상황이다. 여름이 점점 더워진다. 폭염 현상도 더 자주 나타날 것이다. 하지만 기후변화 대응을 위해서라면 온실가스 감축을 위해 에어컨을 덜 사용하면서 더워지는 여름에 적응해야 한다. 물론 집을 더 서늘하게 짓거나 시원한 옷을 입는 등의 다른 방법을 찾을 수 있겠지만, 날씨가 더워지면 당장 에어컨 온도를 낮추기 쉽다. 날씨가 더워지면 냉방을 위해 에너지를 더 많이 사용하는 것에 익숙해진 우리로서는 기후변화를 막기 위해 에어컨을 켜지 않고 견디기가 어렵다. 문제는 '감축'과 '적응'을 동시에 하지 않는다면 지구의 미래를 장담할 수 없다는 것이다.

한반도의 기후변화 현상

한반도에서도 온난화는 빠른 속도로 진행되고 있다. 지난 100년간(1912~2008) 6개 관측지점(서울, 인천, 부산, 대구, 목포, 강릉)의 평균기온 상승률은 1.7℃로 지구 평균기온 상승률에 비해 두 배가 높다.[16] 1990년대 겨울은 1920년대에 비해 약 한 달 정도 짧아진 반면 봄과 여름은 길어져 개나리와 벚꽃 같은 봄꽃의 개화시기가 빨라졌다. 제주도 고산지대의 이산화탄소 농도는 1991년 357.8피피엠에서 2000년 363.6피피엠으로 증가했다.[17]

국립기상연구소에 따르면 온실가스 배출량이 지금처럼 계

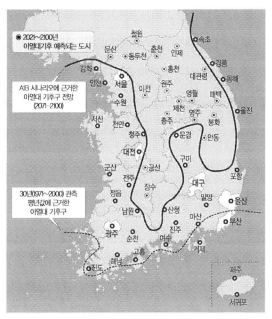

우리나라 아열대 기후구 전망(기상청국립기상연구소).

속 증가한다면 한반도의 21세기 말(2071~2100) 평균기온은 20세기 말(1971~2000)을 기준으로 4℃ 상승할 것으로 전망된다고 한다. 이렇게 되면 이상고온 현상과 더불어, 집중호우 일수는 증가하고 가뭄도 더욱 심해진다.[18] 겨울철의 강설은 강우로 변하고, 여름철의 길이가 확연하게 늘어날 것으로 예상된다.[19] 기상청 국립기상연구소는 2070년대가 되면 서울, 부산, 인천, 대전, 천안과 같은 남한의 대도시가 거의 아열대 기후대에 속할 것으로 예측하고 있다.

환경정책평가연구원이 지구온난화에 의한 해수면 상승과 조석, 태풍해일에 의한 해수면 상승 효과를 고려해 작성한 시나리오가 있다. 해수면이 1미터 상승하면 한반도 최대 범람 가능 면적은 약 2,643제곱킬로미터로서 한반도 전체 면적의 약 1.2퍼센트이며, 취약지대에 거주하는 인구는 전체 인구의 약 2.6퍼센트(1,255,000명)인 것으로 나타났다.[20] 지리적으로는 서해안이 남해안과 동해안에 비하여 훨씬 더 취약하며, 서해안에서도 북한이 남한보다 더 취약한 것으로 나타났다.

한반도라는 지리적 공간에서 남과 북은 기후변화에 있어 공동의 운명체라고 할 수 있다. 지난 100년 동안 북한의 평균기온 1.9℃ 상승한 것으로 나타났다.[21] 남과 북은 이미 기후변화 현상으로 인한 기상이변을 수차례 겪고 있다. 평양을 비롯한 북한 전역이 2007년 8월 7일부터 18일까지 내린 집중호우로 수해를 입었다. 평양 580밀리미터를 비롯해, 황해북도 서흥 769밀리미터, 평안남도 북창 796밀리미터, 강원도 회양 745밀리미터 등 최고 700밀리미터 이상의 집중호우가 내렸다. 수백 명이 사망·실종했고, 88,400여 주택이 침수·파괴되고 30여만 명의 이재민이 발생했다. 경작지의 11퍼센트가 침수됐으며, 철도, 석탄, 통신 등 생산기반시설이 파괴됐다.[22] 북한의 갑작스런 수해로 2차 남북정상회담이 10월로 연기되기도 했다. 같은 해 남한에서도 9월 16일 태풍 '나리'로 인해 13명이 사망했고, 1,079억 원의 재산 피해를 입었다.

남한이 기상이변으로 인해 입는 피해보다 북한의 피해는 더욱 심각한데, 이것은 북한의 자연재해 예측 시스템과 재해 방지를 위한 사회기반시설이 취약하기 때문이다. 북한은 무분별한 산림 벌채와 농경지 황폐화로 거의 해마다 홍수 피해를 입고 있다. 따라서 북한의 경우 기후변화에 대비하는 '적응' 정책 준비가 시급하다. 2007년 열린 다보스 포럼에서 메이플크로프트가 발표한 기후변화인덱스(Maplecroft Climate Change Index)에 따르면 북한은 지수가 4.0으로 기후변화로 인한 위험이 높은 곳에 분류됐으며, 한국은 5.6으로 중간 위험에 속하는 것으로 나타났다. 남한은 기후변화 대응에 있어서 완화와 적응 정책을 세우고 추진해야 함과 동시에 북한이 기후변화에 대응할 수 있도록 협력하고 지원해야 한다.

어떻게 대응하고 있는가?

누가 얼마나 배출하는가?

인류의 활동에 의해 발생한 지구 온실가스 배출량은 산업화 이후 급격히 증가했으며, 특히 1970년부터 2004년 사이에 70퍼센트나 증가했다.[23] 인류는 2004년 한 해에만 490억 CO_2환산 톤의 온실가스를 대기 중으로 배출했다. 온실가스량을 평가하는 지표로 이산화탄소 환산량(CO_2eq: Carbon Dioxide Equivalent) 이 쓰인다. 온실가스는 종류에 따라 온난화 효과를 유발하는 능력이 각각 다르다. 따라서 단순히 개별 가스의 양을 더하는 것만으로는 여러 가지 온실가스의 온난화 효과를 종합적으로 평가할 수 없다. 과학자들은 이러한 문제점을 해결하기 위하여 이산화탄소를 기준(=1)으로 온실가스마다 온난화지수를 달리 부여했다. 이렇게 하면 모든 온실가스의 양을 동일한 온난화 유발능력을 갖는 이산화탄소의 양으로 환산해 표시할 수 있다.

	국가	1990년 배출량 (백만 t)	2006년 배출량 (백만 t)	1990년 대비 증감(%)	2006년 1인당 배출량(t)
	세계	20,987	28,002	33.4	4.28
1	미국	4,863	5,696	17.1	19
2	중국	2,211	5,606	153.6	4.27
3	러시아	2,179	1,587	-27.2	11.14
4	인도	589	1,249	112.1	1.13
5	일본	1,071	1,212	13.2	9.49
6	독일	950	823	-13.4	10
7	캐나다	432	538	24.7	16.52
8	영국	553	536	-3.0	8.86
9	한국	229	476	107.6	9.86
10	이탈리아	397	448	12.6	7.61
10대 배출국 총합		13,474	18,171		

세계 10대 이산화탄소 배출 국가(화석연료 연소 부문).
International Energy Agency, CO_2 Emissions from fuel combustion(2008 edition) 자료를 토대로 재구성.

2004년 지구에서 배출된 온실가스 490억 CO_2환산톤 중에서 76.7퍼센트가 이산화탄소이고, 메탄이 14.3퍼센트, 아산화질소가 7.9퍼센트를 차지했다. 온실가스가 배출되는 부문은 에너지공급(25.9퍼센트), 산업(19.4퍼센트), 산림(17.4퍼센트), 농업(13.5퍼센트), 교통(13.1퍼센트), 주거 및 상업용 건물(7.9퍼센트), 폐기물과 폐수(2.8퍼센트)이다(IPCC 4차 보고서, 2007).

앞의 표는 화석연료 연소에서 발생하는 이산화탄소 발생량을 나타내고 있다. 세계 10대 이산화탄소 배출 국가들의 배출 총량은 세계 전체의 64퍼센트를 차지한다. 열 개 국가가 전 세계 배출량의 3분의 2를 차지하는 셈이다. 미국과 중국은 2006년 전 세계 배출량의 40퍼센트인 약 113억 CO_2톤을 배출했다. 미국은 세계 총량의 20퍼센트를 차지한다. 배출 순위는 미국, 중국, 러시아, 인도, 일본 순이며, 한국은 9위에 속한다.

중국은 2위, 인도는 4위로 배출 총량은 높지만 1인당 배출량은 4.27CO_2톤과 1.13CO_2톤으로 세계 평균(4.28CO_2톤)보다 낮다. 미국의 1인당 이산화탄소 배출량은 무려 19CO_2톤에 달한다. 이산화탄소 감축에 있어서 누가 더 많은 노력을 해야 하는가를 알 수 있다.

기후변화의 역사적 책임

기후변화는 전 지구적인 현상이지만 피해가 모든 국가에 동일하게 나타나는 것은 아니다. 해빙이 녹아내리는 북극과 해수면 상승의 영향을 받는 남태평양 토착민이 가장 먼저 피해를 입는다. 또 사회·경제적으로 불리한 빈곤층과 어린이, 노약자가 기후변화에 더 취약하다.

IPCC 4차 보고서 '기후변화의 영향, 적응, 취약성' 보고서는 인류가 앞으로 생물종의 멸종, 수자원 고갈, 식량생산 감소, 해안 저지대 침수, 전염병 창궐이라는 현실에 직면할 것임을 경고한 바 있다. 특히 아프리카와 아시아 지역이 다른 대륙에 비해 기후변화에 취약한 것으로 드러났다. 아시아 지역에서는 기온이 상승하면 수많은 사람들이 물 문제로 고통을 받을 것으로 보인다. 아프리카에서는 말라리아 등의 전염병이 광범위하게 확산될 것이다.

여기 두 개의 지도가 있다. 위의 지도는 이산화탄소 배출량에 비례해 각 나라의 크기를 나타낸 세계지도다. 캐나다와 미국, 유럽, 일본, 러시아, 중국, 인도가 큰 면적을 차지하고 있다. 이 지도에서 한국은 세계에서 아홉 번째로 큰 나라가 된다. 반면 아프리카와 남아메리카는 면적이 실제 국토 면적에 비해 아주 많이 줄어든 모습이다. 북반구와 남반구의 이산화탄소 배출량이 뚜렷하게 차이가 나고 있는데, 이것은 북반구에 위치한 선진국들이 기후변화에 대한 책임이 있음을 보여준다.

아래 지도는 기후변화취약성 지도이다. 리서치 회사인 메이플크로프트는 전 세계 189개국을 대상으로 기후변화로부터 영향을 받는 정도를 수치로 산출해 보고서를 만들었다. 세계 각국의 지형, 인구, 환경, 날씨변화 등의 자료를 분석해 기후변화지수(CCI, Climate Change Index)를 산출하고, 기후변화에 영향을 많이 받을 나라의 순위를 매겼다. 지도에 나타내면 흰색에 가까울수록 안전한 지역이고, 검은색에 가까울수록 위험한 지역에 속한다. 이산화탄소를 많이 배출한 북아메리카와 유럽

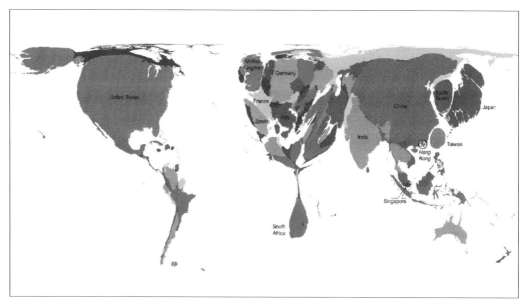

이산화탄소 배출량을 기준으로 각 나라의 크기를 환산해서 그린 세계지도
(월드매퍼, 2008).

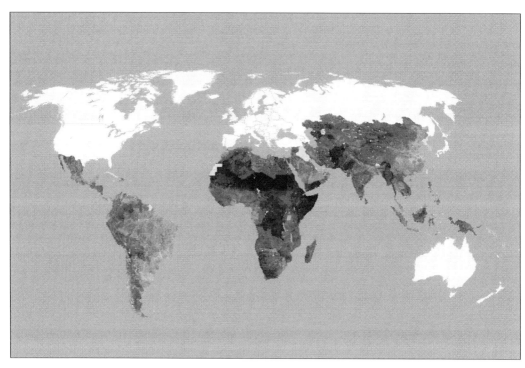

기후 취약성을 표시한 세계지도(메이플크로프트 지도 참조).
기후 변화에 취약한 나라가 진하게 표시되어 있다.

대륙은 상대적으로 기후변화의 영향을 덜 받는 반면 이산화탄소 배출량이 적은 아프리카와 아시아는 기후변화에 매우 취약한 지역으로 나타난다. 가장 타격을 크게 받을 나라는 아프리카 지부티와 이집트로 나타났고, 상대적으로 안전한 나라는 동유럽의 아르메니아, 키르기스스탄, 마케도니아였다.

이산화탄소 배출량 지도와 취약성 지도를 나란히 비교해 보면 기후변화에 대한 책임과 피해가 일치하지 않는다는 것을 알 수 있다. 이것은 마치 이산화탄소를 엄청나게 배출하는 미국과 유럽 사람들이 보이지 않는 망치로 이집트와 지부티 사람들의 집을 내려치는 것 같은 현상이 발생하는 것이다. 기후변화의 원인 제공자와 피해자가 일치하지 않는 기후 부정의를 보여 주고 있다.

기후변화에 대한 해법을 찾는 데 있어서 기후 부정의를 해소하기 위해서는 선진국이 기후변화의 역사적인 책임을 져야 한다. 이것은 선진국이 온실가스를 줄이기 위한 노력에 더 열심히 나서야 하며, 기후변화로 위기에 처한 국가들을 적극적으로 도와야 한다는 것을 의미한다.

기후변화협약의 탄생

기후변화를 막기 위한 국제사회의 노력은 오래됐다. 1979년 G. 우델, G. 맥도날드 등의 과학자들이 지구온난화를 경고한 뒤, 1987년 제네바에서 열린 1차 세계기상회의에서 IPCC 결성이 논의됐다. 1988년 6월 캐나다 토론토에서 주요 국가 대표들이 모여 지구온난화에 대한 국제협약 체결을 논의했다. 1990년 제네바에서 열린 2차 세계기후회의에서 기본적인 협약을 체결하고, 1992년 5월 뉴욕에서 열린 5차 기후변화협약에 관한 정부간교섭위원회 회의에서 정식으로 기후변화협약을 체결했다. 이 회의의 결과는 '리우환경회의(Rio Summit)'로 이어진다.

1992년 리우환경회의의 핵심의제가 바로 기후변화였다. 리우환경회의의 공식명칭은 '환경 및 개발에 관한 국제 연합 회의(UNCED, United Nations Conference on Environment and Development)'이며, 지구정상회의(Earth Summit)라고도 불린다. 1992년 6월 3일에서 14일까지 브라질의 리우데자네이루에서 세계 185개국의 대표단과 114개국 정상이 참여해 지구환경보전 문제를 논의했다.[24] 역사상 가장 중요했던 환경회의에서 '기후변화에 관한 유엔기본협약(United Nations Framework Convention on Climate Change)'이 탄생했다.

협약의 목적은 이산화탄소를 비롯한 온실가스 방출을 제한해 지구온난화를 방지하고자 하는 데 있다. 대기 중 온실가스 농도를 안정화시키려는 것이다. 협약 내용은 기본원칙, 온실가스 규제, 재정 지원 및 기술 이전, 특수 상황에 처한 국가에 대한 고려로 구성돼 있다. 기후변화협약 당사국은 온실가스 배출량과 감축량을 조사해 협상위원회에 보고해야 하며 기후변화 방지를 위한 국가계획을 작성해야 한다. 2009년 1월 기준으로 192개국이 기후변화협약에 가입해 있어, 지구 상 거의 모든 나라가 참여하고 있는 셈이다. 우리나라는 1993년 12월 마흔일 곱 번째로 가입했다.

기후변화협약[25]에는 지구온난화의 역사적 책임이 있는 선진 국이 우선 감축하는 '공동의 차별화된 책임 원칙'과 과학적 불확실성에도 불구하고 구체적인 대책이 필요하다는 '사전예방의 원칙'이 포함돼 있다. 기후변화협약에 가입한 당사국들은 매년 '기후변화협약 당사국 총회'를 열고, 기후변화를 막기 위한 국제적인 협상을 진행하고 있다.

교토의정서

기후변화협약은 별다른 성과 없이 지속되다가 1997년 12월 일본 교토에서 개최된 기후변화협약 3차 당사국 총회에서 '교토의정서'를 채택한다.[26] 협약이 일반적인 원칙을 다룬 문서라면, 의정서는 법률에 대한 시행령과 같이 협약을 구체적으로 이행하기 위한 내용을 담은 문서이다.

교토의정서에 따라 한국과 멕시코를 제외한 OECD국가, 유럽연합, 시장경제 전환국가 등이 포함된 부속서1 국가[27]는 1차 공약기간인 2008~2012년 사이에 온실가스 총배출량을 1990년 수준보다 평균 5.2퍼센트 감축해야 한다.[28] 목표치는 각국 별로 차이가 있다. 배출량 기준년도는 1990년으로 설정했고, 의무감축방식을 택했다. 의무 이행 대상국은 미국, 캐나다, 일본, 유럽연합(EU) 회원국 등 총 41개국이다. 유럽연합은 회원국이 공동으로 목표량을 달성하되 회원국 간의 분담 내용은 따로 정한다. 한국과 멕시코는 개발도상국으로 분류돼 의무감축 대상국에서 제외됐다. 감축 대상 온실가스는 이산화탄소, 메탄, 아산화질소, 수소불화탄소, 과불화탄소, 육불화황 등 6가지다. 교토의정서에 의해 당사국은 온실가스 감축을 위한 정책을 마련해야 하며, 정기적으로 배출량을 보고해야 한다.

교토의정서가 채택되기까지 선진국 사이에서 또 선진국과 개발도상국 사이에서 온실가스 감축 목표와 일정, 개발도상국 참여 문제로 심한 대립을 겪었다. 합의에 도달한 후 실행에 들어가기까지도 순탄치 않은 길을 걸었다. 교토의정서가 정식으로 효력을 갖기까지 8년에 가까운 세월이 걸린 것이다. 교토의정서가 발효되기 위해서는 55개국 이상이 비준하고 비준한 부속서1 국가의 1990년도 온실가스 배출총량이 부속서1 국가 전체 배출량의 55퍼센트 이상이 돼야 한다. 교토의정서는 조건이 충족된 날로부터 90일 경과 후에 발효된다. 그러나 2001년 3월, 전 세계 최대 온실가스 배출국인 미국이 탈퇴하면서 교토의정서는 발효가 무산될 위기에 처했다. 미국은 교토의정서가 자국 경제에 심각한 피해를 줄 수 있고, 중국, 인도 등 개발도상국이 의무감축 대상에서 제외돼 있다는 이유로 반대 입장을 표명했다. 다행히 러시아의 비준으로 교토의정서는 2005년 2월 16일 발효됐다. 현재 136개국이 교토의정서에 비준을 했으며, 비준한 부속서1 국가의 배출총량은 전체 부속서1 국가들의 1990년도 배출량의 61.6퍼센트를 차지한다(2005년 1월).

미국은 기후변화를 막기 위한 국제적인 노력에 동참하지 않아 국제사회의 비난을 받고 있고, 앞으로도 미국이 참여하지 않는다면 지구의 온도 상승을 막는 일은 성공을 거두기 어려울 것이다. 교토의정서 이행기간은 2008년부터 5년 동안으로 2012년이면 끝이 난다. 경제 사정이 나빠져 자연스럽게 온실가스 배출량이 줄어든 동유럽 국가를 제외하고는 독일과 영국 외의 국가들이 목표를 달성할 수 있을지는 미지수다.

교토의정서의 특징은 '교토 메커니즘'을 활용할 수 있다는 점인데, 부속서1 국가들이 자국 내 감축으로 인한 부담을 덜면서 시장원리에 따라 유연하게 목표치를 달성할 수 있는 것이다. 국내 대책을 통해 줄인 온실가스뿐만 아니라 다른 국가에서 온실가스를 줄인 사업을 진행한 경우에도 자국에서 삭감한 것으로 인정해 준다. 또 다른 국가로부터 삭감 할당량을 구매하는 제도를 통해 목표를 달성하는 것도 인정한다.

선진국 간에 잉여 감축량을 사고팔거나(배출권 거래제: ET, Emission Trading), 선진국끼리 온실가스 저감기술을 교환하고(공동이행: JI, Joint Implementation), 선진국이 개도국에서 온실가스를 줄인 만큼 감축분으로 인정받을 수도 있다(청정개발체제: CDM, Clean Development Mechanism). 예를 들면 의무감축 대상국가가 다른 국가의 화력발전소에 대해 효율 개선 사업을 진행하면, 그 사업을 통해 줄인 온실가스 배출량을 투자국의 감축량으로 사용할 수 있는 것이다.

청정개발체제는 온실가스 감축 목표를 받은 선진국들이 개발도상국에 자본과 기술을 투자해 달성한 온실가스 감축분을 자국의 감축 목표 달성으로 활용할 수 있게 하는 것이다. 선진국은 교토의정서에 합의한 배출 감축 약속을 비용을 덜 들이면서 효과적으로 이행할 수 있고, 개발도상국은 선진국의 투자를 통해 온실가스를 줄일 수 있다는 취지이다. 이후 '독자적 CDM(Unilateral CDM)' 방식이 통과되면서, 개도국이 스스로 온실가스 저감 노력을 기울이고 온실가스를 줄인 만큼 감축분을 판매할 수 있는 제도도 마련됐다. 개도국으로 분류된 한국은 독자적 CDM 방식을 통해 온실가스 감축 사업을 진행하고 감축량을 인정받고 있다.

포스트 교토체제 – '인류의 마지막 기회'

기후변화협약 당사국 총회에서 포스트 교토체제 논의가 핵심 쟁점이 되고 있다. 포스트 교토체제는 교토의정서에 따른 1차 의무감축 기간이 끝난 2012년 이후의 계획을 세우는 것이다. 가장 중요한 의제는 지구 전체의 온실가스 감축 목표량이다. 지구의 온도 상승을 몇 ℃선에서 저지할 것인지, 대기 중 온실가스 농도를 어느 정도에서 안정화시킬 것인지에 대해 결정해야 한다. 지구 전체의 목표를 달성하기 위한 각 국가별 할당 목표도 설정해야 한다. 국가별로 할당을 할 때에도 '총배출량'을 기준으로 할지, 아니면 '1인당 배출량'을 기준으로 할지, '역사적 책임'을 기준으로 할지, '경제적 능력'을 기준으로 할지도 논의해야 한다. 또한 협약 당사국들이 목표치를 잘 달성할 수 있도록 독려하는 시스템을 만들고 지키지 못했을 경우 벌칙을 부과하는 체계도 마련해야 한다. 아무런 제제가 없는 느슨한 합의만으로는 목표를 달성하기 힘들기 때문이다.

그러나 포스트 교토체제 협상은 순탄치 않다. 선진국은 배출량이 급증하고 있는 중국과 인도의 온실가스 감축 참여를 줄기차게 요구하고 있지만, 중국과 인도가 중심이 된 개발도상국들은 선진국의 역사적 책임을 들어 선진국이 온실가스 감축 목표치를 더 높여야 한다고 주장하고 있다. 2008년 12월 12일 브뤼셀에서 끝난 EU 27개국 정상회의에서 EU는 2020년까지 유럽의 온실가스 배출량을 1990년 대비 20퍼센트 감축하고, 재생에너지 비중을 20퍼센트로 늘리며, 에너지 사용량을 20퍼센트 줄이는 'EU 기후변화 에너지 패키지(20-20-20)'에 합의했다. 1990년 대비 20퍼센트 감축이라는 기준점을 제시한 것이다. 그러나 개도국들은 선진국들이 2020년까지 1990년 대비 최소 40퍼센트를 줄여야 한다고 주장하고 있다.

2007년 13차 총회에서 채택된 '발리로드맵'에 따라 2009년 15차 기후변화협약 당사국 총회가 열리는 덴마크 코펜하겐에서 포스트 교토체제에 대한 논의를 완료하기로 했으나 회의는 실효성 없는 '코펜하겐 협정(Copenhagen Accord)'으로 막을 내리고 말았다. 코펜하겐 협정은 산업화 이전과 비교해 지구 평균온도 상승을 '2℃ 이내'에서 안정화시키며, 2015년 중간평가를 통해 억제 목표치를 1.5℃로 재조정할 수 있다는 장기목표를 세웠다. 문제는 이 합의문이 법적 구속력을 갖지 않는 데다가 목표를 달성하기 위해 꼭 필요한 각국 온실가스 감축 목표량을 정하지 못했다는 점이다. 공동의 목표는 '2℃ 이내'로 윤곽을 잡았으나 구체적으로 누가 어떻게 언제까지 그 목표를 달성할 것인가에 대해서는 논의를 시작조차 하지 못한 것이다.

과학자들이 경고하는 '기후변화'의 파국을 막기 위해 각국 정부는 '협상'을 통해 대안을 도출해야 한다. 코펜하겐 회의에서 오바마 대통령은 미국이 2020년까지 2005년 대비 17퍼센트 줄이겠다고 연설을 했다. EU는 1990년 대비 20~30퍼센트, 일본은 25퍼센트, 러시아는 15~25퍼센트 감축안을 고려하고 있다. 그러나 선진국들이 내놓은 감축안이 개도국의 참여를 이끌어 낼 만큼 높지 않아 포스트 교토체제가 어떤 방향으로 전개될 것인지는 여전히 안개 속이다.

협상의 성공 여부는 EU와 미국이 얼마나 전향적인 자세로 온실가스 감축에 나서는가와 중국과 인도가 얼마나 참여하는가에 따라 달려 있다. 전 세계 인구의 4.6퍼센트에 불과한 미국은 세계 에너지의 25퍼센트를 소비하고 세계 이산화탄소의 20퍼센트를 배출한다. 오바마 대통령은 선거공약으로 2020년까지 미국의 온실가스 배출량을 1990년대 수준으로 안정화시키며, 2050년까지 1990년 대비 80퍼센트를 줄일 것을 제시한 바 있다. 오바마 대통령은 부시 대통령과 달리 기후변화에 대해 전향적인 태도를 취하고 있지만 개도국을 온실가스 감축에 참여시키려면 미국이 더 많은 감축량을 제시해야 한다.

포스트 교토체제 논의가 중요한 것은 지구 온도 상승의 임계치, 즉 지구의 온도가 걷잡을 수 없을 정도로 올라가는 상황을 막을 수 있는 마지막 기회기 때문이다. 시간이 별로 남지 않았다. 여름철 북극의 해빙이 사라지기 전에, 시베리아 동토층에 매장된 메탄이 빠른 속도로 새어 나오기 전에 인류는 의미 있는 결정을 내리고 다함께 실천에 옮겨야만 한다.

포스트 교토체제 – '온실가스 얼마나 줄여야 할까?'

시나리오 범주	분류	2020 (1990년 대비)	2050 (1990년 대비)
450ppm CO2eq	부속서 1	-25~-40%	-80~-95%
	비부속서 1	Baseline 대비 대폭 감축	Baseline 대비 대폭 감축
550ppm CO2eq	부속서 1	-10~-30%	-40~-90%
	비부속서 1	Baseline 대비 감축	Baseline 대비 감축
650ppm CO2eq	부속서 1	0~-25%	-30~-80%
	비부속서 1	Baseline	Baseline 대비 감축

IPCC AR4 WG3에서 제시한 감축 시나리오(IPCC 4차 보고서, 2007).

도대체 지구의 온실가스를 얼마나 줄여야 지구의 미래를 보장받을 수 있을까? IPCC는 기후변화로 인한 파국을 막기 위해서는 지구온도 상승을 '2℃ 이내'로 안정화시키고 온실가스 농도를 400~450피피엠으로 유지해야 한다고 제시했다. 이를 위해서 2050년까지 온실가스 배출량을 1990년 대비 50퍼센트 수준으로 줄여야 한다.

IPCC 권고를 받아들인다면 선진국은 2050년까지 80~95 퍼센트를, 2020년까지는 25~40퍼센트를 줄여야 하는 상황이고[29], 개발도상국들도 BAU[30] 대비 감축을 해야 한다. 2050년 목표 달성을 위해서는 2020년까지의 중기 목표를 너무 낮게 잡아서는 안 된다. 중기 목표가 낮게 책정될 경우 2050년 목표 달성도 그만큼 어려워질 수밖에 없기 때문이다.

그러나 영국의 환경전문가 조지 몬비오는 IPCC의 이런 전망이 지나치게 낙관적이라고 주장한다. 조지 몬비오는 2030년까지 지구온난화의 원인이 되는 온실가스 배출량을 90퍼센트 감축해야 한다고 주장한다. 가브리엘 워커, 데이비드 킹도 지구 온도 2℃ 상승이 마지노선이라고 이야기한다. 그렇게 하기 위해서는 온실가스 농도가 450피피엠 이상이 되어서는 안 된다고 강조한다. 2008년 12월 폴란드 기후변화협약 당사국 총회에서 전 미국 부통령 앨 고어는 기후변화를 막기 위한 인류의 목표는 350피피엠에 맞춰져야 한다고 주장했다. 지금보다 30피피엠을 더 줄이는, 실현 불가능한 목표치가 아니냐는 문제제기에 앨 고어는 "과학적 진실은 협상의 대상이 아니다."라고 답했다.

2009년 12월 코펜하겐 기후변화협약 당사국 총회에서 투발루공화국은 남태평양군소도서국연합(AOSIS)과 기후변화에 가장 취약한 국가군(V11) 48개국의 지지를 받아 지구 온도 상승 목표를 1.5℃, 대기 중 온실가스 농도를 350피피엠으로 안정화해야 한다는 공식의견서를 제출했다. 이들의 주장은 UN

협상장에서 진지하게 논의될 만큼의 힘이 없었지만 회의장 밖에서는 NGO들의 열렬한 환호를 받았다. 더불어 전 세계적으로 '350' 캠페인이 확산되고 있다. '350'은 대기 중 온실가스 농도를 350피피엠으로 낮추자는 세계적인 기후변화 캠페인이다. 기후변화협약 당사국 총회에서는 2050년까지 온실가스 농도를 450피피엠에서 안정화시킨다는 논의를 진행하고 있지만 '350'은 이러한 선택은 너무 위험하다고 주장한다. 인류의 목표를 450피피엠으로 설정하면 그때는 이미 아프리카와 남태평양 도서국에서 가뭄과 해수면 상승으로 수백만 명이 죽고 난 뒤라는 것이다. 몰디브의 나시드 대통령은 수중 국무회의를 통해 몰디브가 처한 위기를 전 세계에 알리기도 했다.

아주 비관적인 전망도 나오는데 세계적인 기후변화연구기관인 틴달 연구소의 앤더슨 박사는 "대기 중 탄소농도는 IPCC나 스턴 보고서의 우울한 시나리오보다 더 빠른 속도로 증가하고 있고, 이미 기후변화와의 싸움에서 인류는 패배했으며, 아주 나쁜 상황이 벌어질 것에 미리 대비해야 한다."라고 전했다. 그는 대기 중 이산화탄소 농도를 650피피엠 이하로 안정화시키는 것도 불가능하다고 말한다.

전 세계적인 목표 못지않게 구체적으로 누가 얼마나 줄일 것인가도 중요한 문제이다. 조지 몬비오는 지금 지구가 처한 상황을 해결하기 위해서는 누구도 예외 없이 공평하게 똑같은 책임을 져야 한다고 이야기한다. 전 세계가 매년 배출할 탄소량을 결정하고 그 수를 인구로 나누면 1인당 배출량이 나온다. 국가별 배당량은 인구에 곱하면 된다. 이렇게 하면 아주 가난하고, 배출량이 적은 나라들은 배출량을 늘려도 된다는 계산이 나온다. 역사적 책임을 명확하게 물을 수 없다는 단점은 있지만 모든 국가가 참여하는 투명하고 단순한 개념이다. 공평하게 모든 사람이 1년에 똑같이 0.33톤 이하의 탄소만을 배출할 수 있다고 할 때, 현재 1인당 탄소 배출량이 5.5톤인 미국은 94퍼센트를 2.8톤인 독일은 88퍼센트를 감축해야만 한다(이 수치는 이산화탄소 중 탄소량이다. 이산화탄소의 무게로 환산하려면 여기에 3.667을 곱해야 한다). 이미 선진국들이 감내해야 할 몫이 크다는 것이다. 옥스팜은 만약에 모든 나라가 중국의 1인당 온실가스 배출 수준으로 맞추면, 세계는 1990년 대비 30퍼센트의 온실가스를 줄일 수 있다고 발표하기도 했다.

인류는 온실가스 감축량과 방식에 대한 합의를 통해 '바람 앞의 등불'과 같은 위기에 처한 지구를 구해 낼 수 있을까? 확실한 것은 합의를 이끌어 내지 못하면 모두가 위험에 빠진다는 사실이다.

포스트 교토체제 – '기후정의'

포스트 교토체제를 논의하는 데 있어 절대적으로 줄여야 할 온실가스량에 대한 논의만큼 중요한 것이 바로 '기후정의(Climate Justice)'이다. 2008년 폴란드 기후변화협약 당사국 총회에서 "인간으로서 국가로서 생존하고 싶다."라는 투발루 환경부장관의 외침처럼, 기후변화의 최전선에 있는 최빈국에 대한 지원은 확대돼야 한다. 무엇보다 여성, 어린이, 원주민, 농민, 어민, 노동자 등 기후변화에 취약한 계층이 받게 될 영향을 최소화하기 위한 준비도 시급하다. 그래서 NGO들의 구호는 '기후정의'이다.

기후변화 현상은 지역에 따라 미치는 영향도 다르고, 그 나라의 경제력에 따라 대처할 수 있는 역량도 다르다. 네덜란드처럼 물에 뜨는 집을 지어 기후변화에 대처할 수 있는 나라가 있는가 하면, 방글라데시처럼 흙과 짚으로 지은 집이 홍수로 하루아침에 떠내려가 버리는 곳도 있다.

한 나라 안에서도 사회적 취약계층이 더 큰 영향을 받게 된다. 2003년 역사상 유례없는 폭염으로 유럽에서 수만 명이 죽었고, 2005년 허리케인 카트리나로 미국도 참혹한 피해를 입었다. 피해자의 대부분이 노약자나 가난한 사람들이었다. 선진국에서도 취약계층이 재해에 얼마나 쉽게 노출돼 있는지를 보여주는 사례이다. 폭염은 건장한 성인에 비해 어린이나 노인의 생명을 더 위협한다. 밀폐되고 냉방과 통풍이 잘 안 되는 공간에서 일하는 사람들도 폭염에 더 많은 영향을 받는다. 지하주택에 사는 저소득층이나 농업 및 어업에 종사하는 사람들은 태풍과 집중호우 피해를 더 크게 입는다. 따라서 기후변화에 취약한 사회·경제적 약자들을 위한 제도를 마련해야 한다. UN 기후변화협약 당사국 총회에서는 기후변화적응기금(Adaptation Funding)에 대한 논의를 진행하고 있는데, 기금 규모도 확대하고 기금이 제대로 사용될 수 있도록 제도를 마련해야 한다.

2009년 코펜하겐 합의문에 의해 선진국은 개도국의 기후 변화 대응을 위해 2010~2012년까지 300억 달러를 지원하며, 2020년까지 매년 1,000억 달러를 지원한다는 결정을 내렸다. 지원금은 '코펜하겐녹색기후기금(Copenhagen Green Climate Fund)'으로 조성돼 아프리카와 태평양 군소국가와 같이 기후변화에 가장 취약한 그룹부터 지원한다. 개도국을 위한 지원 금액이 늘어나긴 했으나, 누가 어떻게 돈을 마련하고 분배할지를 결정하는 데도 시간이 한참 걸릴 것으로 보인다.

산림보전과 연관된 '원주민'의 권리에 대해서도 '정의적' 관점으로 접근해야 한다. 열대림을 보전하는 '산림 전용 방지'에 대한 인센티브를 탄소배출권 시장을 통해 부여할 경우, 산림에 대한 법적 권리가 없는 원주민들은 권리가 침해당하고 숲에서 쫓겨날 가능성이 있다. 그래서 세계적인 환경단체 '지구의 벗'은 14차 폴란드 기후변화협약 당사국 총회에서 원주민들의 권리를 인정받을 수 있도록 제안을 했지만, 호주, 뉴질랜드, 미국, 캐나다의 반대로 무산됐다. 경제적인 이득 앞에 사회적 약자를 위한 배려는 고려할 사안이 아니었던 것이다. 앞으로 지속적인 노력을 통해 원주민들이 숲을 지켜 온 것에 대해 인정하고 이를 보호해 주는 제도를 마련해야 한다.

2007년 노르웨이 노벨위원회는 지구온난화와 기후변화의 위기를 전 세계에 알리기 위해 노력하고 연구해 온 앨 고어와 IPCC를 노벨평화상 수상자로 선정했다. 이것은 기후변화 문제가 환경 문제를 넘어 인류의 '평화'와 '정의'에 관한 문제임을 상 징하는 것이다.

포스트 교토체제 – '누가 비용을 얼마나 지불해야 하는가?'

기후변화 완화를 위한 노력이나 적절한 지속발전 정책이 없 을 경우 2030년 전 세계 온실가스 배출량이 2000년 대비 25~90퍼센트 증가할 것이라는 전망이 나왔다. 또한 에너지 사 용으로 인한 이산화탄소 배출량은 같은 기간 동안 45~110퍼 센트 늘어난다. 2006년 10월, 런던정경대학의 니콜라스 스턴 교수는 기후변화를 경제적 관점에서 분석하고 환경과 경제가 상충하는 의제가 아니라는 내용을 담은 '스턴 보고서'를 발표 해 세계적 명성을 얻었다. 그는 보고서에서 지구온난화를 무시 하고 대책을 실천에 옮기지 않는다면 1930년대 대공황에 맞먹 는 경제 파탄을 겪을 수 있으며, 그 비용은 1·2차 세계대전보 다 더 높을 것으로 전망했다. 2050년까지 세계가 매년 GDP의 1퍼센트를 투자해야 온실가스 배출을 450~550피피엠으로 유 지해 재앙을 막을 수 있고, 만약에 방치했을 경우 지구온난화 대처 비용이 GDP의 5~20퍼센트로 급증해 인류가 경제적 파 탄에 직면할 수도 있다고 밝혔다.

IPCC는 이어서 발표된 2007년 4차 보고서를 통해 지구의 기온을 2~2.4℃ 상승하는 선에서 멈추기 위해서는 2030년까 지 세계 GDP의 최대 3퍼센트를 지구온난화 방지를 위해 지출해야 한다고 주장했다. 세계가 GDP의 3퍼센트를 투자하는 경우 2030년 온실가스 농도는 380피피엠보다 15~40퍼센트 정도만이 상승한 445~535피피엠 수준으로 유지할 수 있는 것으로 나타났다. 지금부터 매년 GDP의 0.12퍼센트를 비용으로 지불하면 달성할 수 있다. IPCC는 부문별로 온실가스 감축을 위한 경제적 잠재력은 충분하다고 밝히고 있다. IPCC 보고서에 따르면 국제사회가 2030년까지 세계 GDP의 0.2퍼센트 가량을 비용으로 투자하는 경우 온실가스 농도는 590~710피피엠 수준으로 증가한다. 이 경우 전 세계의 온도는 산업혁명 이전에 비해 최고 4℃ 올라간다. 지구의 온도가 4℃가량 오르면 전 세계 생물의 40퍼센트 이상이 멸종 위기에 처하고 수억 명이 물 부족 상태에 직면하게 된다. 이것은 기후변화에 대해 우리가 어느 정도의 비용을 투자하는가에 따라 결과의 차이가 크다는 것을 말해 준다.

2008년 스턴 교수는 기후변화가 진행되는 속도에 비해 온실가스 감축을 위한 국제적인 노력은 부진하다는 보고서를 발표했다. 스턴 교수는 "2050년의 대기 중 온실가스 농도를 500피피엠 이내로 유지하기 위해선 선진국은 1990년 대비 80퍼센트, 개발도상국들은 20퍼센트 정도의 온실가스를 감축해야 한다."라고 주장한다. 선진국에 개도국보다 더 많은 감축의무를 지웠다. 여기에 드는 비용은 연간 전 세계 GDP의 2퍼센트이다. 2년 전에 비해 비용이 더 늘어났다. 2050년 온실가스 농도를 500피피엠 이내로 맞추려면 전 세계 온실가스 배출량을 1990

년 400억 CO_2환산톤을 배출하던 것을 그 절반 수준인 200억 CO_2환산톤으로 낮춰야 한다. 2050년 세계 인구가 90억여 명으로 전망되므로 1인당 연간 배출량을 $2CO_2$환산톤 남짓한 수준으로 줄여야 하는 것이다.[31] 스턴 교수는 "한국도 선진국이기 때문에 선진국 수준(80퍼센트)에 해당하는 온실가스 감축 노력을 기울여야 한다."라고 주장한다.

기후변화를 막기 위한 경제적 비용을 다룬 '스턴 보고서'는 전 세계적으로 많이 인용되고 있다. 스턴 교수의 경고에도 불구하고 각국 정부는 여전히 온실가스 배출 규제가 경제성장의 발목을 잡지 않을까 우려하고 있다. 이에 앨 고어는 이런 비유를 들었다. "세계는 마치 저울의 한쪽에는 '지구'를, 다른 한쪽에는 '돈'을 놓고 무엇을 선택할 것인가 결정하는 것처럼 보인다. 그러나 지구가 끝장난 마당에 '돈'이 무슨 소용인가?"

'녹색경제'는 지구를 구할 수 있을까

2008년 12월 11일, 폴란드 포즈난 14차 기후변화협약 당사국 총회장. 반기문 유엔 사무총장은 "인류는 기후변화와 세계 경제 위기라는 두 가지 위기를 함께 풀어야 합니다. 이것은 재생가능에너지 산업을 통한 '녹색성장'을 통해 가능한 일입니다."라고 연설했다.

오바마 대통령도 '녹색경제'를 미국 경제회생의 핵심으로 제시하고 있다. 토머스 프리드먼은 그의 책 『뜨겁고, 평평하고, 붐

비는 지구』에서 그린뉴딜을 세계경제의 새로운 패러다임으로
제시하고 있다. 유엔환경계획(UNEP)도 녹색일자리에 대한 보
고서를 통해 재생가능에너지를 통한 일자리 창출의 가능성을
높게 보고 있다. 한국 정부도 '저탄소 녹색성장'을 화두로 내세
우고 있다. 지구촌에 불어 닥친 '녹색경제' 바람이 지구를 구할
수 있을까?

오바마의 '미국을 위한 새로운 에너지' 정책의 핵심은 석유
와 몇몇 대기업에 의존한 거대한 에너지 산업을 저탄소 에너지
산업으로 전환하면서 일자리를 만들고 경제를 성장시키겠다는
것이다. 석유 해외 의존도를 줄이기 위해 향후 10년 동안 미국
이 현재 서남아시아와 베네수엘라에서 수입하는 원유량을 10
퍼센트 이상 감축해 나갈 계획이다. 또한 에너지 효율과 재생
가능에너지 산업에 10년간 1,500억 달러(약 222조)를 투자한다.
2012년까지 재생가능에너지로 전력의 10분의 1, 2025년까지
는 전력의 4분의 1을 생산하고, 그 과정에서 500만 명의 새로
운 일자리를 창출한다. 향후 3년 안에 재생가능에너지 생산을
두 배로 늘리고, 재생가능에너지를 위한 '스마트 전력망' 인프
라 구축에 예산을 투자한다. 또 연방정부 건물의 에너지효율을
향상시키고, 에너지 비용절감을 위해 200만 가구를 대상으로
에너지 효율 향상 프로그램을 진행한다는 것이다.

녹색성장은 유럽을 비롯한 몇몇 나라에선 그 가능성을 이미
입증 받은 바 있다. 세계 태양광발전 규모는 2007년 2.8기가와
트(GW)에서 2030년에는 280기가와트로 성장할 것으로 보인

다. 2000년에서 2007년까지 세계 풍력발전 시장은 연평균 27퍼센트 성장했고, 앞으로 풍력발전 용량은 2020년까지 여섯 배 이상 확대될 것으로 예상된다. 독일에서는 지난 7년 동안 재생가능에너지 산업을 통해 20만 개의 새로운 일자리가 창출됐다. 독일 녹색당 한스 요셉 펠 의원은 "풍력·태양에너지 산업은 독일 경제 성장의 견인차가 됐다."며 "2015년을 기점으로 자동차 산업을 넘어서는 주요 산업으로 자리매김할 것이다."라고 전망한다. 덴마크는 세계 1위 풍력발전기 기업 베스타스를 선두로 풍력 산업을 선도하고 있다.

그러나 늘 '빛'이 있으면 '그늘'도 있는 법. 녹색성장을 통해 재생가능에너지 산업은 성장하겠지만 그만큼 전통적인 에너지 산업은 위축될 수밖에 없다. 미국의 보수진영은 석탄, 가스, 석유, 핵, 자동차 산업 등에서 일자리가 줄어들기 때문에 이는 불가능하다고 비판하고 있다. 미국기업연구소 연구원 케네스 P. 그린은 "녹색성장 정책에 따라 전통적인 전력플랜트는 폐쇄되고 대규모 에너지 인프라는 해체될 것"으로 전망하면서, "100만 명 이상 고용하고 있는 석탄, 가스, 핵, 자동차 산업에서 자본과 일자리가 사라질 것"이라고 주장하고 있다. 이런 산업으로부터 빠져나온 노동자들이 사회적 안전망의 지원을 받지 않고 고용불안으로 이어진다면 '새로운 에너지' 비전은 저항에 부딪힐 수밖에 없다. 국제노총은 "기본적으로 기후변화를 막아야 한다는 데 동의하고, 노동자가 움직이지 않으면 기후변화도 막을 수 없다."라는 입장의 성명을 발표했다. 기후변화 대응 정책이 고용 문제와 맞물려 있는 만큼 노동자의 동의와 협력이 필요하다는 것이다.

기후변화 대응을 중심으로 새로운 경제 질서가 만들어지고 있는 것은 분명해 보인다. 온실가스 감축의무를 실행해야 하는 선진국들은 자국 산업에 미치는 영향을 최소화하기 위해 산업 부문에서 비관세 장벽을 마련할 움직임을 보이고 있다. EU가 자동차 연비를 향상하고 킬로미터당 이산화탄소 배출량을 규제하는 것도 그 일환이다. 지금까지는 자동차가 주로 규제 대상이 되고 있지만 포스트 교토체제가 결정되고 본격적인 온실가스 감축 정책이 논의될수록 더 많은 산업이 규제 대상에 속할 것으로 보인다. 기후변화 시대의 새로운 경제모델로 떠오른 '녹색경제'가 새로운 대안이 될 수 있도록 만들어가야 한다.

탄소시장의 명암

기후변화를 막기 위한 인류의 선택 중 하나는 '시장' 모델이다. 1997년 교토의정서 체제에 의해 온실가스 배출권을 사고파는 시장이 탄생했다. 유럽기후거래소는 2005년 4월 문을 연 이후 20억 톤의 온실가스 배출권을 사고팔았고, 거래액수로만 연간 50조 원의 시장을 형성하고 있다. 탄소시장은 매년 두 배 이상 급성장하고 있다. 기후변화가 탄소를 사고파는 새로운 시장을 만들어 낸 것이다.

영국의 매슈 휘텔 기후변화거래소 기술총괄 담당자는 "시장이 기후변화로부터 지구를 구할 것이다.”라고 확신한다. 탄소거래가 활발해질수록 탄소를 줄이기 위한 관련 기술과 산업도 성장한다는 논리다. 그러나 카본트레이드워치 활동가 케빈 스미스는 ‘탄소시장’의 위험성을 경고한다. 그는 2005년부터 가동한 EU 할당량 거래 시장에서 영국 정부가 기업이 배출할 수 있는 배출량의 한도를 과도하게 주는 바람에 오히려 석탄 화력 발전소 업자들이 남은 할당량을 탄소시장에 판매해 수입을 올리는 결과를 가져왔다는 것이다. 이에 대해 필 울라스 영국 환경식품농업부 차관도 배출량 과잉공급 리스크가 실제로 발생했고 2차 운영기간인 2008년부터는 할당량을 낮게 설정했다며 1차 운영기간의 실패를 인정한 바 있다. 이러한 오류에도 불구하고 세계는 탄소시장이 창출해 내는 이익에 더 많은 관심을 보이고 있다.

한편으로 날로 커 가는 탄소시장에 대한 우려의 목소리가 높아지고 있다. EU가 감축해야 할 온실가스를 EU가 아닌 다른 나라에서 줄인 배출권을 사서 충당하는 방식에 의존한다면, 선진국이 ‘낮은 가지에 열린 열매’를 손쉽게 따 간다는 비판에서 자유로울 수 없다. 또한 CDM 시장이 일부 국가(중국, 인도, 한국)에 편중돼 있다는 사실도 문제점으로 부각되고 있다.

가브리엘 워커, 데이비드 킹은 탄소 가격이 온실가스 감축을 위한 동기를 부여하고 결과를 가져오는 데 긍정적으로 작용할 것이라고 전망한다. 기업 입장에서 기후변화는 위험인 동시에 새로운 시장을 창출할 수 있는 ‘기회’라는 것이다. 그러나 조지 몬비오는 탄소배출권을 '면죄부'라고 비난하고 있다. 탄소시장이 제대로 작동할 것인지, 탄소시장을 통해 실제로 전 세계의 온실가스 배출이 줄어들 것인지 등에 대한 면밀한 검증이 필요하다.

원자력은 기후변화 대안이 아니다

기후변화 시대를 맞아 원자력을 다시 보자는 주장이 확산되고 있다. IPCC는 4차 보고서에서 온실가스 배출을 저감시킬 수 있는 다양한 기술적 대안들을 제시한 바 있다. 2000~2030년까지의 단기 완화 유형 전망에 따르면 배출량 감소 효과가 가장 높은 것이 이산화탄소 이외의 온실가스 저감 기술, 에너지 절약과 효율 향상, 재생가능에너지, 화석연료 전환, 원자력, 이산화탄소 포집 및 저장(CCS), 이산화탄소 산림 저장 순으로 나타났다. IPCC는 지구온난화와 기후변화에 대응하는 기술 대안으로 원자력을 일정 부분 인정하고 있다.

더불어 국제 원자력 산업계는 기후변화를 계기로 '원자력 르네상스'를 열고자 안간힘을 쓰고 있다. 국제원자력기구(IAEA), 세계원자력협회(WNA), 유럽원자력학회(ENS) 들은 기후변화협약 당사국 총회를 통해 홍보와 로비를 활발히 펼치고 있다. 2008년 폴란드 기후변화협약 당사국 총회에서 국제에너지기구(IEA, International Energy Agency)는 2008년 전망을 통해 온실가스 감축 목표치를 450피피엠으로 안정화시키는 'Blue Map'을 발표한다. 이 안을 보면 원자력발전은 향후 온실가스 저감 방안에서 6퍼센트를 차지하는 것으로 나타났다.

하지만 여전히 국제사회는 원자력발전소를 기후변화 대응 방안으로 인정하지 않고 있다. 2007년과 2008년 기후변화협약 당사국 총회에서 일본은 원자력발전을 CDM으로 인정해 줄 것을 주장했지만 국제사회는 이를 받아들이지 않았다. 이것은 원자력이 온실가스를 적게 배출한다는 장점만으로 덮을 수 없는 폐해가 더 크기 때문이다. 세계 어디에서도 해법을 찾지 못한 방사성폐기물 문제와 안전성 문제는 원자력발전의 치명적인 단점이다.

영국 옥스퍼드 대학이 민간 원전의 미래를 진단한 보고서에서 "원자력 비중을 지금보다 두 배로 늘려 증가하는 전력 수요를 충족하려면 2075년까지 세계적으로 매달 네 개꼴로 모두 3,000기의 원전을 지어야 할 것"이라고 내다봤다. 이 보고서는 "원전을 가장 활발히 건설했을 때도 3~4년에 1기 꼴이었다."라며 "늘어날 핵확산과 핵테러 위험까지 고려할 때 이런 원전 증설은 불가능하다."라고 밝혔다.

원자력은 우리 사회가 저탄소 사회로 가는 것을 지연시킨다. 원자력발전은 에너지 수급 구조를 바꾸고, 에너지효율 향상과 재생가능에너지에 기초한 에너지 시스템으로 전환하는 데 걸림돌이 된다. 14차 기후변화협약 당사국 총회에서 그린피스, 지구의 벗, WISE(World Information Service on Energy), NIRS(Nuclear Information & Resource Service) 등은 원자력발전은 에너지효율 개선과 재생가능에너지에 투자할 돈과 시간을 가로챌 뿐이라고 주장했다. 이들은 핀란드가 건설에 들어가 '원자력 르네상스'의 사례로 언급되는 올킬루오토(Olkiluoto) 3호기의 예를 들었다. 올킬루오토 3호기는 2001년 발전소 건설을 결정하던 당시부터 2008년까지 15억 유로(2조 8,000억 원)를 쏟아부었는데 아직도 완공되려면 3~4년이 남아 있다. 만약 당시 같은 비용으로 풍력발전 프로젝트를 시작했다면 지금 원자력발전소와 같은 용량의 발전소가 가동되고 있을 것이다.[32]

프랑스 남부 트리카스탱 원전에서는 2008년 7월 한 달에만 세 차례 사고가 일어났다. 프랑스 핵안전국(ASN)은 사고로 유출된 방사능이 인체 건강이나 환경을 침해하지 않는 극히 미미한 수준이라고 주장했지만 사고의 파장은 '원자력 강국' 프랑스를 흔들어 놓았다. 우리나라 원자력발전소의 안전 문제도 여전히 남은 과제이다. 각종 사고가 끊이지 않는데도 우리는 원자력 산업과 발전을 감시하고 통제할 독립기구조차 갖추지 못하고 있다. 원자력발전소 운전 과정에서 방사능이 누출되는 경우에는 기후변화 못지않은 환경재앙을 불러일으킬 수 있다. 설계 실수나 관리자의 실수, 지진 같은 천재지변으로 사고가 날 가능성도 배제할 수 없다.

우라늄 채굴 과정에서 발생하는 환경 피해와 사고 발생 가능성, 핵확산, 핵폐기물, 원자력 업계에 팽배한 비밀주의, 원자력 보조금, 재무위험 등을 제쳐 둔 채 온실가스를 적게 배출하는 에너지원이라는 이유만으로 원자력을 선택한다면 기후변화만큼이나 심각한 문제를 발생시킬 수 있다. 또한 원자력발전을 할 수 있는 기술과 자본력을 가진 나라는 극히 일부이며, 우라늄 또한 한정된 자원이기 때문에 기후변화 문제에 대한 해답을 원자력에서 찾는 것은 적절하지 않다.

한국의 온실가스 배출량과 대책

우리나라 온실가스 배출량은 2006년 기준 5억 9,950만 CO_2환산톤[33]으로 2005년(5억 9,440만 CO_2환산톤)에 비해 0.9퍼센트 증가한 것으로 나타났다.[34] 선진국 온실가스 의무감축 기준년인 1990년 배출량(2억 9,810만 CO_2환산톤)에 비해서는 101.1퍼센트 늘어났다. 연평균 증가율 4.5퍼센트로 OECD 국가 중 가장 높은 비율로 증가하고 있다. 1인당 온실가스 배출량은 1990년 6.95CO_2환산톤에서 2006년 12.41CO_2환산톤으로 두 배 가까이 증가했다.

부문별 온실가스 배출량을 살펴보면 에너지가 5억 540만 CO_2환산톤으로 84.3퍼센트를 차지하고, 산업공정이 6,370만 CO_2환산톤(10.6퍼센트), 폐기물이 1,540만 CO_2환산톤(2.6퍼센트), 농업이 1,510만 CO_2환산톤(2.5퍼센트)으로 나타났다. 에너지 부문에서도 전력생산이 가장 많은 35.5퍼센트를, 산업 부문 소비가 31.3퍼센트, 수송 19.8퍼센트, 가정·상업 11.3퍼센트, 공공·기타 0.9퍼센트 순으로 나타났다. 통계상으로 전력생산, 수송, 산업 부문 에너지 소비로 인한 온실가스 배출량이 점점 증가하고 있다.

	1990	1995	2000	2005	2006	1990~2006 증가율(퍼센트)
온실가스 총배출량 (백만 CO_2톤eq)	298.1	453.2	531.0	594.4	599.5	4.5
1인당 온실가스 (CO_2톤eq/인)	6.95	10.05	11.30	12.35	12.41	3.7

1990~2006년 온실가스 배출 관련 주요지초(지식경제부, 2009).

부문	2006	1990~2006 연평균 증가율
에너지	505.4 (84.3)	4.6퍼센트
산업공정	63.7 (10.6)	7.5퍼센트
농업	15.1 (2.5)	0.7퍼센트
폐기물	15.4 (2.6)	-0.6퍼센트
총배출량	599.5 (201.1)	4.5퍼센트

부문별 온실가스 배출량
(단위: 백만 CO_2톤eq).

부문	2006	1990~2006 연평균 증가율
전환 (전력생산)	179.6 (35.5)	10.2퍼센트
산업	158.3 (31.3)	3.8퍼센트
수송	99.8 (19.8)	5.5퍼센트
가정·상업	57.2 (11.3)	-1.0퍼센트
공공·기타	4.3 (0.9)	-3.0퍼센트
계	505.4 (84.3)	4.6퍼센트

에너지 부문 CO_2 배출량
(단위: 백만CO_2톤eq).

온실가스 중에서 가장 많이 차지하는 것이 이산화탄소로 88.8퍼센트를 차지하고 있고, 다음은 메탄 4.2퍼센트, 육불화황 3퍼센트, 아산화질소 2.6퍼센트, 수소불화탄소 1퍼센트, 과불화탄소 0.5퍼센트 순이다.

교토의정서상 부속서1 국가들은 2012년까지 1990년 대비 평균 5.2퍼센트의 온실가스를 줄여야 한다. 이렇게 수치로만 돼 있으니 얼마를 줄여야 할지 감을 잡기 힘들다. 만약에 우리나라가 온실가스 의무감축 국가라고 가정해 보자. 의무감축 국가들은 우선 2012년까지 1990년의 온실가스 배출 수준으로 돌아가야 한다. 그럼 우리나라는 지금 배출하는 온실가스의 절반 이상을 줄여서 2억 9,810만 CO_2환산톤 수준으로 줄여야 하는 것이다. 그리고도 5.2퍼센트를 더 줄여야 한다.

온실가스 발생량을 줄이려면 당장 에너지 사용량을 줄여야 한다. 우리가 지금 사용하는 에너지의 절반만 사용해야 하는 것이다. 가전제품의 절반을 이용하지 않고, 난방이든 냉방이든 지금 수준의 절반으로 줄여야 한다. 자동차도 절반만 타야 하고, 공장도 지금 이용하는 에너지의 절반을 가지고 물건을 생산해야 한다. 경제와 사회 전반에 엄청난 충격 여파가 미치는 것이다. 그렇기 때문에 정부가 적극적인 감축 목표를 설정하고 저감행동에 돌입할 수 있도록 미리 준비하는 것이 시급하다.

한국은 현재 기후변화협약에서 의무 감축이 설정되지 않은 비부속서1 국가이지만 경제규모로 볼 때 온실가스 감축 의무를 계속해서 회피할 수 없다. 2008년 G8 확대정상회담에서 이명박 대통령은 '얼리무버(Early Mover)'를 선언했고, 온실가스 감축 목표를 설정하겠노라고 세계에 공언했다. 실제로 정부는 2009년 11월 17일, 중기 온실가스 감축 목표(2020)를 2005년 대비 4퍼센트 감축(BAU 대비 30퍼센트 감축)하는 것으로 결정했다. 그러나 정부의 감축 목표는 한국이 지구온난화에 대해 져야 할 책임과 감당할 수 있는 능력의 수준에 비춰 볼 때 미흡하다. 한국의 현재 이산화탄소 배출량은 세계 9위이며, 누적배출량도 세계 22위이다. 현 교토의정서 체제에서 41개국이 온실가스 의무감축 대상이라는 것을 감안하면 누적배출량을 고려해 한국의 몫에 걸맞은 온실가스 감축 목표를 설정해야 한다.

한국이 이렇게 낮은 온실가스 감축 목표를 설정한 것은 BAU를 선정하는 과정에서 배출량은 과다 산정하고, 감축여력은 최소로 잡았기 때문이다. 한국의 산업계는 2005년 대비 4퍼센트를 줄이는 감축 목표도 달성할 수 없다며 온실가스 감축이 경제의 발목을 잡을 것이라고 반발하기도 했다. 환경NGO들은 한국이 능력과 책임을 고려한 감축 목표치는 2020년까지 2005년 대비 25퍼센트를 줄이는 것이라고 제시하기도 했다.

한국 정부의 에너지 부문 기후변화 대응 방안은 원자력발전을 확대하는 것이다. 정부는 4차 전력수급기본계획을 통해 2022년까지 원자력발전소 12기를 추가로 건설하기로 했다. 계획대로 추진된다면 2022년 원자력 발전소의 설비 비중은 33퍼센트, 발전량 비중은 48퍼센트로 확대된다. 이렇게 원자력을 중심으로 한 에너지 공급 위주의 정책은 기후변화 시대에 적합한 에너지 계획이 아니다. 따라서 '기후변화 대응=원자력발전'이라는 결정을 내리기 전에 기후변화를 막기 위한 다른 대안을 먼저 선택해야 한다.

무엇을 해야 하는가?

기후변화 대응 원칙을 세우자

인류가 기후변화를 막기 위한 대책을 세우기 위해서는 먼저 기후변화의 원인에 대해 깊이 이해해야 한다. 기후변화의 근본적인 원인은 화석연료이기 이전에 '인간의 활동'에 있다. 따라서 지구에서 인간의 활동을 어떻게 전환할 것인가가 중요하다.

먼저 지구의 자원이 유한하다는 한계를 인식해야 한다. 하나뿐인 지구에서 인간이 얼마만큼의 '생태발자국'을 남길 것인가를 생각해야 한다. 생태발자국이란 자연에 남겨진 인간의 발자국을 의미한다. 생태발자국은 음식, 옷, 집, 에너지 등을 생산하는 데 필요한 토지, 쓰레기를 처리하는 데 필요한 토지 등 인간

생활에 필요한 자원을 생산하는 데 소요되는 토지면적을 나타낸 지수다. 수치가 높을수록 생활하는 데 많은 토지를 차지하는 셈이고 자연에 부담을 주기 때문에 '생태파괴지수'라고 할 수 있다. 지금 우리는 하나뿐인 지구가 감당해 낼 수 없을 만큼 많은 자원을 소비하고 있다.

기후변화도 결국은 인간의 소비행태에 달려 있다. 기후변화나 심각한 환경재앙을 막기 위해서는 지금과 같은 과도한 생산과 소비활동을 중단하거나 줄이는 삶으로 전환해야 한다. 궁극적으로 대량생산, 대량소비라는 삶의 방식을 바꿔 나가야 한다. 조지 몬비오는 "참으로 안타깝지만 엄격한 규제만이 우리가 섬기는 욕망이라는 신이 초래할 파멸을 막을 수 있다."라고 온실가스 감축의 해법을 제시하고 있다.

기후변화는 화석연료에 의존한 인간의 과도한 경제활동으로 발생했다. 에너지원 변화나 기술개발로만 해결할 수 있는 문제가 아니다. 지금 우리에게 필요한 것은 화석연료에 의존하는 산업과 경제, 삶의 양식 전반을 되돌아보고 에너지를 적게 소비하는 사회로 전환해 나가는 일이다. 그 전환은 개개인의 실천과 더불어 사회 경제 시스템을 바꾸는 데 초점을 둬야 한다.

기후변화 대응 정치가 필요하다

기후변화 위기는 모든 지구인이 함께 풀어야 할 숙제이다. 기후변화를 막기 위해서는 우리 스스로 삶을 '규제'해야 한다. 산업계, 정부, 시민들은 온실가스 감축 목표량을 정하고 에너지 소비를 줄여 달성해야만 한다. 이러한 결단을 이끌어 내기 위해서는 기후변화 정치가 필요하다.

기후변화에 대한 각국 정부의 대책은 온실가스를 유발하는 경제·사회·산업 구조를 저탄소 사회로 전환하기 위한 다양한 방법을 개발하고 적용하는 것이다. 정부는 '기후변화 정치'를 통해 이러한 변화에 대한 국민들의 지지와 참여를 이끌어 낼 수 있어야 한다.

국가의 정책 의지는 법, 조직, 예산으로 표현된다. 기후변화 저감을 위한 법체계를 갖춰야 하고 실행체계와 예산을 배정해야 한다. 정부가 에너지 세제를 기후 친화적으로 바꾸고 에너지 가격을 에너지 효율과 환경비용을 반영해 적정 수준으로 조정해야 한다. 또 국가 온실가스 감축 목표를 달성하기 위해 적극적인 에너지수요 관리 정책을 펼쳐 나가야 한다.

움직여야 할 곳은 정부만이 아니다. 기업, 노동자, 농민, 학계, 시민사회도 준비를 해야 한다. 우리 스스로가 감축할 온실가스 목표치에 대해 논의해야 하고 어떻게 대응할지에 대한 계획을 세워야 한다. 기후변화가 우리 사회와 내가 속한 집단의 미래에 어떤 영향을 미칠지를 논의하고 준비해야 한다.

에너지 다소비 산업구조와 원자력발전 의존도, 석유 고갈과 같은 기후변화와 연관된 의제에 대해서도 논쟁하고 토론해야 한다. 따라서 이러한 정책과 실행을 이끌 정치적 지도자의 역할이 중요하며, 국가 단위·지역 단위 선거에서 기후변화 정책이 주요 공약으로 등장해야 한다.

에너지 저소비 사회로 전환하자

기후변화에 대한 직접적인 해법은 기후변화의 원인이 되는 온실가스 배출을 줄이는 것이다. 온실가스 배출은 에너지 소비에서 가장 많이 발생하기 때문에 에너지 소비를 줄이고, 효율을 높이는 일이 중요하다.

한국의 에너지 소비는 연간 226백만 TOE[35]로서 세계 10위이며, 전 세계 에너지의 약 2.1퍼센트를 소비하고 있다(2006년 소비기준, BP Statistics 2007). 또한 2005년 기준 석유 수입 세계 4위, 석탄 수입 세계 2위, 천연가스 수입 세계 8위이며, 에너지의 97퍼센트를 해외 수입에 의존하고 있어 에너지 위기 시대에 매우 취약하다. 그럼에도 불구하고 정부 정책은 에너지 공급 위주에서 바뀌지 않고 있다. 정부는 2030년까지 국가에너지기본계획을 수립하면서 총에너지 수요가 연평균 1.1퍼센트씩 증가해 2030년 300.4백만 TOE에 달할 것으로 전망하고 있다. 2006년보다 에너지 소비량이 32퍼센트나 증가한다고 예측한 것이다. 이에 따라 1인당 에너지 수요도 2006년 4.83TOE에서 2020년 5.84TOE, 2030년에는 6.18TOE로 증가할 것이라고 본 것이다.

경제가 성장한다고 에너지 소비가 반드시 증가하는 것은 아니다. 독일과 유럽 국가들의 사례가 보여 주듯이 일정 경제수준이 되면 경제성장이 지속되면서도 에너지 소비는 줄어든다. 적은 에너지로도 높은 부가가치를 생산하는 것이다. 따라서 국가에너지 정책을 수립할 때 에너지 과소비 산업구조 개편을 비롯해 교통 정책, 건물 정책, 도시 정책을 통해 에너지 소비를 줄이고 효율을 높이는 방법을 강구해야 한다. 시민들이 자발적으로 소비를 줄이는 일이 쉽지 않기 때문에 정부의 적절한 규제 정책이 필요하다.

에너지 저소비 사회로 전환하는 데 있어, 일본의 '절전소'가 시사하는 바가 크다. 절전소는 '절전'과 '발전소'를 합한 신조어다. 내가 전기에너지 1킬로와트시(kWh)를 안 쓰면 누군가 대신 사용할 수 있는 에너지를 생산한 것과 같다는 것이다. 나가노현 이이다시 시민들은 절전 운동을 통해 아낀 전기요금을 모아 태양광발전소 건설에 투자한다. 에너지 소비를 줄여 이산화탄소를 배출하지 않는 재생가능에너지에 투자하고, 발전소에서 생산한 전기를 팔아 수익을 얻기도 한다.

산업과 기업에서 적극 나서자

산업 부문은 지구 전체 온실가스 배출량의 5분의 1(19.4퍼센트)을 차지한다.[36] 특히 대규모 에너지 집약 산업(발전·철강·화학 및 화학비료·시멘트·유리·제지 산업)이 배출하는 온실가스 배출량이 상당 부분을 차지하고 있다. 이들 산업은 기후변화 시대에 적극적인 감축방법을 마련해야 한다.

에너지절약전문기업(ESCO, Energy Service Company)의 활동도 활발해지고 있다. 개인이나 기업을 대신해서 에너지절약전문기업이 에너지 절약 시설에 투자를 하고 에너지 절감액으로 투자비를 회수하는 제도이다. 에너지의 효율적 이용이란 효과를 얻으면서도 에너지를 덜 사용함으로써 환경과 건강에 미치는 해를 줄이고 비용도 절감하는 것이다.

EU는 생산하는 모든 자동차에 대해 2015년까지 1킬로미터를 주행할 때, 이산화탄소를 125그램 이하로 배출하도록 규정했다. 우리나라에서 생산하는 자동차의 평균 이산화탄소 배출량은 165그램이다. 만약에 유럽에 자동차를 수출하려면 기준을 맞춰야 한다. 캘리포니아 주는 지난해 자동차에 온실가스 배출량 표시를 의무화했다. 차량에 지구온난화 점수(Global Warming Score), 온실가스 배출량, 스모그 점수가 표시된다. 기업이 친환경 자동차를 개발하도록 주 정부가 동기를 부여하는 것이다.

2008년 5월 '클라이미트 카운츠(Climate Counts)'는 소비자들이 기업의 기후변화 대응 노력을 평가할 수 있도록 60개 기업의 기후변화 점수를 카드로 작성해 배포했다. 점수는 이들 기업이 제품을 생산하면서 이산화탄소를 얼마나 배출하는지 또 줄이기 위해 어떤 계획을 세우고 실천하는지, 이산화탄소 배출 관련 자료를 얼마나 투명하게 공개하는지를 평가한 것이다. 전자제품 중에서는 100점 만점에 77점을 받은 IBM이 1등을 했고 다음이 캐논, 도시바, 소니, 휴렛패커드 순이다. 삼성은

8등을 했다. 의류 부문에서는 나이키, 갭, 리미티드 브랜드, 리바이스 순이다. 클라이미트 카운츠는 "세계 100대 기업이 배출하는 온실가스를 5퍼센트만 줄여도, 2,500만 대의 차가 뿜어내는 이산화탄소를 줄이는 것과 같다."라고 발표했다. 기업경영과 산업활동에 있어 온실가스 감축과 관리가 더욱 중요해지고 있다.

건물에서 새는 에너지를 잡자

유엔환경계획(UNEP)의 「지속가능한 건물과 건축」 보고서에 따르면 건축물이 OECD 국가 에너지 사용의 40퍼센트, 전 세계 온실가스 배출의 30퍼센트를 차지한다.[37] 건물은 건축에서부터 사용, 폐기에 이르기까지 전 단계에서 온실가스를 배출한다. 건축물은 한번 짓고 나면 냉난방과 전자제품 사용으로 20년 이상 온실가스를 내뿜기 때문이다. 따라서 건물을 지을 때부터 단열과 자연채광을 최대한 활용하도록 설계해 건물의 에너지 소비 자체를 줄여야 한다.

이미 지어진 건물은 에너지를 효율적으로 쓰도록 개조하는 것도 한 방법이다. 일반 주택에서는 벽과 지붕, 통풍구, 창문 등을 통해 많은 열이 새고 있다. 새는 열은 지붕과 벽에 단열재를 사용하고 이중창을 설치하면 막을 수 있다.

유럽에서는 에너지를 아주 적게 사용하도록 설계한 패시브 하우스(Passive House)가 확산되고 있다. 패시브 하우스는 능

동적으로 전기, 가스, 석유와 같은 에너지를 외부에서 끌어다 사용하는 '액티브 하우스(Active House)'에 대응하는 개념의 집이다. 집 내부의 에너지가 최대한 외부로 새어 나가지 않게 해서 화석연료를 사용하지 않고도 냉난방을 해결한다.

영국 사우스 런던 서턴(Sutton)에 자리 잡은 베드제드 주거단지는 에너지 저소비형 주택이 모여 있다. 70여 가구에 220명이 살고 있는 이곳은 겨울철 난방이 거의 필요 없다. 벽 두께가 두껍고 철저한 단열설비와 삼중창을 설치했기 때문이다. 기존 주택에서 필요한 에너지의 10분의 1로 냉난방을 해결한다. 주택단지 지붕에 있는 닭 벼슬 모양의 환기구를 통해 실내로 외부의 신선한 공기를 공급한다. 열교환기가 달린 환풍기를 통해 바깥의 찬 공기는 실내 더운 공기가 밖으로 나갈 때 그 열을 흡수해 따로 에너지를 사용하지 않고도 난방효과를 낼 수 있다. 부엌에서는 전기와 가스 사용량을 확인할 수 있다. 스마트 계량기를 통해 집 안에서 사용하는 가전제품의 전력 사용 총량을 바로 볼 수 있다. 전기 사용량이 일정 수준을 넘으면 경보가 울리기 때문에 대형냉장고와 텔레비전은 엄두도 못 낸다. 집이 사람들의 에너지 소비에 대한 욕망을 제어하도록 설계되어 있다.

프랑스에서는 건물 부문에서 배출하는 이산화탄소 발생량이 가장 많다. 그래서 프랑스 정부는 낡은 건물에서 사용하는 에너지 사용량을 줄이기 위해 팔을 걷어붙이고 나섰다. 낡은 집을 리모델링할 때에는 반드시 에너지 절약 공사를 하도록 법을 만든 것이다. 프랑스 정부는 지붕단열, 벽면단열, 창문·현관·베란다 교체, 고효율 난방설비, 고효율 온수설비, 재생에너지 설치 기준을 마련했다. 집주인들은 여섯 가지 기준 중에서 적어도 2가지 공사는 반드시 해야만 한다. 대신 이렇게 집수리를 할 때 1인당 2만 유로까지 최장 15년 기간 동안 무이자로 대출 받을 수 있다. 정부가 '환경대출(eco-pret)' 정책을 준비해 11개 은행과 협약을 체결하고 예산도 마련했다. 정부가 소유권을 갖고 있는 저소득층 임대아파트는 정부에서 직접 에너지 리모델링 공사를 하고 있다.

프랑스 환경부는 2013년부터 매년 40만여 채의 주택을 수리해 가구당 에너지 소비를 70~80퍼센트 줄인다는 목표를 세우고 있다. 환경부는 이 사업을 통해 건축 부문의 온실가스를 줄이면서 건설 산업을 활성화시켜 약 12만 명에게 일자리를 제공할 수 있을 것으로 전망하고 있다. 에너지·복지·온실가스·일자리의 네 마리 토끼를 한꺼번에 잡는 셈이다.

독일 프라이부르크의 '헬리오트롭'은 건물이 태양을 따라 회전하면서 태양광발전기로 집 전체가 사용하고도 남을 전기를 생산하기도 한다. 건물에서 에너지 효율이 높은 전자제품을 쓰는 것도 중요하다. 낡은 백열전등을 고효율 전등으로 바꾸면 에너지 사용량을 절반으로 줄일 수 있다. 에너지 효율이 높은 고효율 형광등은 75와트 백열등과 같은 밝기를 유지하면서도 15~17와트의 전력만으로 작동한다. 고효율 형광등은 일반 백열등보다 열두 배나 오래 사용할 수 있다. 대기전력도 차단해야 한다. 국제에너지기구에 따르면, 전 세계 온실가스 배출량의 1퍼센트는 대기모드에 있는 장치에서 발생하며, 이는 항공 산업 전체의 온실가스 배출량과 맞먹는 수준이다.[38]

대중교통과 자전거를 이용하자

IPCC 4차 보고서 분야별 온실가스 배출량에 따르면 수송이 전체 온실가스 배출량에서 차지하는 비율은 13.1퍼센트이다. 거의 모든 운송수단이 석유를 원료로 하기 때문이다. 항공기는 세계 이산화탄소 배출량의 1.6퍼센트를 차지하고 있다. 따라서 유럽에서는 항공사마다 배출할 수 있는 이산화탄소 한도를 제한하는 준비를 하고, 항공사들도 바이오연료 개발, 신기종 개발, 탄소상쇄 프로그램 등을 마련하고 있다. 꼭 필요한 출장을 제외하고는 화상회의를 여는 등 항공기 이용을 자제하는 회사도 생겨나고 있다.

런던에서는 커다란 스포츠유틸리티차량(SUV)을 몰고 도심으로 진입만 해도 25파운드(5만 원)의 혼잡통행료를 내야 한다. 보통 크기의 승용차는 하루 8파운드(16,000원)를 지불한다. 전 런던시장인 켄 리빙스턴이 정치적 위험을 감수하고 2003년 도입한 혼잡통행료 제도이다. 차를 몰고 도심으로 진입한 당신은 편하겠지만, 도심은 이산화탄소와 배기가스로 오염되기 때문에 그만큼 비용을 지불하라는 것이다. 런던 교통청은 혼잡통행료를 징수한 이후 도심의 자동차 교통량은 21퍼센트, 이산화탄소 배출량은 20퍼센트가 줄었고, 자전거 통행량은 66퍼센트나 급증했다고 발표했다. 런던 시는 이렇게 징수한 혼잡통행료를 런던의 대중교통을 더욱 편리하게 만드는 데 투자한다. 승용차보다는 버스가, 버스보다는 지하철이 이산화탄소를 훨씬 덜 배출한다.

프랑스는 자동차가 배출하는 이산화탄소량에 따라 세금을 차등 부과하고 있다. 자동차를 탈 수밖에 없다면 조금이라도 이산화탄소를 적게 배출하는 차를 타라는 것이다. 1킬로미터 주행 시 이산화탄소 배출량이 100그램 미만이면 1,000유로를 할인해 주고, 250그램 이상이면 2,500유로를 더 내야 한다. 이 제도를 도입한 후 프랑스에서는 경차 판매가 급격히 늘어났다. 정부가 세금 정책을 통해 온실가스를 줄이는 것이다.

자동차를 대신할 대체 교통수단도 모색되고 있다. 열차, 버스, 자전거와 같은 대중교통 체계를 개선하고, 자동차 함께 타기와 재택근무 확대도 운송 부문에서 온실가스 배출을 줄일 수 있는 방법이다. 휘발유와 바이오가스 두 가지 연료를 함께 쓰는 이중연료 차(Bi-fuel Car), 바이오디젤 차, 하이브리드 차와 같이 유해물질 배출을 줄이고 연비도 향상시킨 자동차들이 속속 나오고 있다.

한편으로 식물연료에 대한 수요가 증가하면서 식물연료의 득과 실에 대한 논쟁이 일고 있다. 경유를 대체하는 바이오디젤은 열대밀림을 파괴해 만든 대규모 플랜테이션에서 생산된다는 이유로, 옥수수·밀·사탕수수를 원료로 만드는 바이오에탄올은 세계 식량 가격 폭등의 원인으로 지탄받고 있다.

2007년 부시 전 미국 대통령이 바이오에탄올 소비량을 200억 리터에서 2017년까지 1,320억 리터로 여섯 배 이상 늘린다는 계획을 밝히면서부터 바이오에탄올 붐이 일었다. 이후 멕시코와 브라질의 밀밭이 바이오에탄올 생산을 위한 사탕수수밭으로 급격히 전환됐다. 미국 시장에 바이오에탄올을 수출하기 위해서였다. 2008년에 실제로 국제 밀 가격이 하루 사이에 22퍼센트나 오르는 식량 가격 폭등 현상이 나타났다. 미국 환경정책연구소 소장 레스터 브라운은 사륜구동 스포츠유틸리티 차량 한 대를 가득 채울 에탄올을 생산하기 위해서는 옥수수 약 200킬로그램이 필요한데 이는 한 사람을 1년 동안 먹여 살릴 양식이라고 경고했다.

따라서 식물연료 확대보다 먼저 해야 할 일은 자동차 중독에서 벗어나는 것이다. 미국의 자동차 보유대수는 인구 1,000명당 800대꼴이다. 차를 몰지 못하는 아이들을 제외하면 거의 성인 한 명당 한 대의 차량을 갖고 있는 셈이다. 자동차 중독에 걸린 사회를 치료하지 않고 연료만 바이오에탄올로 바꾼다면 세상의 모든 옥수수와 밀, 사탕수수를 전부 바이오에탄올로 사용해도 모자랄 것이다.

도시에서 온실가스를 줄이는 데 있어서도 중요한 것은 자동차 사용을 줄이는 것이다. 우리나라 자동차 연간 평균 주행거리는 일본의 2배이며, 미국보다 더 많다. 경차 비중은 6.5퍼센트로 24~55퍼센트인 선진국에 비해 현저히 낮다. 교통 부문

기후변화 대응 정책은 자동차 사용을 줄이고 '대중교통', '자전거', '걷기'를 생활화하는 것이다.

지역에서 생산한 식품을 먹자

『농부철학자 피에르 라비』라는 책에는 스페인과 독일을 잇는 고속도로에서 난 교통사고 이야기가 나온다. 서로 맞은편 도로에서 달려오던 두 대의 트럭이 정면충돌했다. 충돌의 충격에 싣고 있던 짐이 고속도로 바닥에 쏟아졌는데, 놀랍게도 두 트럭이 똑같이 토마토를 싣고 있었다. 어쩌다 이런 일이 발생한 것일까. 스페인과 독일 두 나라가 토마토를 생산할 수 있다면 굳이 국경을 넘나들 필요 없이 생산한 곳에서 소비하면 될 텐데 말이다. 바로 가격경쟁 때문이다. 10원이라도 싼 가격을 찾아 식품은 먼 거리를 여행한다.

우리 식탁을 생각해 보자. 호주 다윈에서 수입한 쇠고기는 6,023킬로미터를 배로 이동해서는 트럭에 실려 대형 할인마트로 옮겨진다. 사람들은 자동차를 끌고 마트에 가서 이 쇠고기를 산다. 이 모든 과정에서 이산화탄소가 발생한다. 이렇게 구입한 쇠고기로 불고기 요리를 하면서 5,371킬로미터를 이동한 인도네시아 후추와 594킬로미터를 이동한 중국산 고춧가루를 사용한다면 어떻게 될까? 식탁에 올라오는 식재료와 조미료가 이동한 거리를 모두 합하면 지구를 한 바퀴 돌게 될지도 모른다.

식품소비에서 발생하는 온실가스를 줄이기 위해 원거리를

이동하지 않는 지역농산물(로컬푸드)을 구매함으로써 푸드 마일을 줄이는 것도 방법이다. 미국 뉴욕 주에선 수확철인 9월 한 달만이라도 100마일(161킬로미터) 이내에서 생산된 것만 먹자는 '100마일 다이어트 운동'을 벌이고 있다.

로컬푸드는 지역에서 생산한 농산물을 지역에서 소비한다는 의미를 담고 있다. 파머스마켓은 지역의 농부가 생산한 농산물을 소비자에게 직접 판매하는 시장이다. 농부들은 유통비용을 지불하지 않고 안정적인 판매처를 확보해서 좋고, 소비자들은 신선하고 품질이 좋은 농산물을 싼 가격에 구입할 수 있어서 좋다.

현대의 농업은 '석유농업'이라고 한다. 비료, 농약, 농기계 등 농사를 짓는 데 석유가 많이 쓰이기 때문이다. 따라서 비닐하우스에서 재배되지 않은 제철 식품, 비료나 농약을 덜 사용한 유기농 농산물을 이용하면 이산화탄소 배출을 줄일 수 있다. 과도하게 포장한 식품이나 플라스틱 병에 든 생수 사용을 줄이는 것도 한 방법이다.

육식을 줄이고 채식 위주로 식단을 짜자

전 세계에는 소가 몇 마리나 있을까? 답은 13억 마리다. 세계 인구 다섯 명당 소가 한 마리씩 있는 셈이다. 소는 트림을 하면서 하루에 280리터의 메탄가스를 방출한다. 메탄은 온실가스 중에서 이산화탄소 다음으로 양이 많고, 지구온난화지수가 이산화탄소의 21배나 되기 때문에 지구온난화에 미치는 영향은 크다. 13억 마리의 소가 연간 1억 톤의 메탄을 만들어 내니 소의 트림이 지구온난화의 원인이라는 말도 틀린 말이 아니다. 축산업이 주요 산업인 호주에서는 '온실가스 배출원 목록'에 가축분포지도를 포함하고 있다.

2006년 UN이 발표한 『가축의 긴 그림자(Livestock's Long Shadow)』는 축산업이 전 세계 온실가스 배출량의 18퍼센트를 차지해 자동차에서 배출하는 14퍼센트보다 더 큰 영향을 미친다고 밝혔다. 목축과 콩, 옥수수, 보리와 같은 사료작물 재배를 위해 숲이 사라지는데, 세계 농지의 70퍼센트가 사료작물 재배를 위해 개간된다. 454킬로그램의 고기를 생산하기 위해서는 같은 양의 식물성 단백질(두부) 생산에 비해 여덟 배나 많은 에너지가 필요하다. 따라서 육식을 줄이는 것도 지구온난화를 막는 효과적인 방법 중 하나이다.

기후변화를 생각하는 소비자가 되자

기후변화 문제가 심각해짐에 따라 기업이 사회적 책임 경영을 표방하면서 자발적으로 제품 생산과정에서 배출한 이산화탄소량을 공개하는 경우가 늘고 있다. 영국에서 일부 기업이 이산화탄소 라벨링 제도를 시행하고 있다. 런던의 할인매장 테스코에서 판매하는 감자 칩과 오렌지 주스에는 탄소라벨이 붙어 있다. 감자 칩은 원료 재배에서 가공, 유통까지 75그램의 이산화탄소를 배출했고, 오렌지 주스는 265그램을 배출했다. 상품 구매에 있어 이산화탄소 배출량을 따져 선택할 수 있도록 정보를 제공한다는 취지이다.

슈퍼 체인이자 의류업체인 막스앤드스펜서(Marks and Spencer)는 식료품에 운송수단을 표시하고 있다. 항공기로 운송한 딸기와 포도에는 '항공기 마크(Air Label)'가 붙어 있다. 탄소를 많이 배출해 가며 비행기로 운반한 것이니 구입할 때 생각하고 선택하라는 뜻이다. 의류에는 '기후를 생각하세요(Think Climate)' 라벨이 붙어 있다. 온실가스 배출을 줄이기 위해 세탁 물 온도를 30℃로 하자는 것이다. 막스앤드스펜서 지속경영팀 마이크 베리는 "영국 국민 모두가 30℃로 세탁을 한다면 막스앤드스펜서가 1년 동안 줄일 수 있는 이산화탄소 양보다 더 많은 양을 감축할 수 있다."라고 전한다. 그런가 하면 우편공사인 로열메일(Royal Mail)은 우편물의 이산화탄소 발생량을 계산해 알려주기도 한다. 환경문제와 지구온난화 문제가 심각해질수록 소비자들도 제품을 구매할 때 '환경'에 대한 정보와 가치를 소중하게 생각해야 한다.

재생가능에너지 생산에 동참하자

재생가능에너지는 태양, 소수력, 바이오매스, 풍력, 지열 등과 같이 재생가능한 자연자원으로부터 얻는 에너지를 말한다. 재생가능에너지는 환경오염을 일으키지 않는 친환경적인 에너지이다. 고갈 우려가 없기 때문에 화석에너지가 없는 나라에서도 재생가능에너지를 잘 활용하면 에너지를 생산할 수 있다. 초기 설치 비용은 많이 들지만 한번 설치를 해 놓으면 비싼 연료를 계속해서 공급하지 않아도 된다. 반면 에너지 밀도가 낮아 많은 양의 에너지를 필요로 하는 곳에서는 실용성이 떨어진다. 태양에너지나 풍력 등은 기상 조건의 변화에 영향을 많이 받기 때문에 보조 설비를 갖추어야 하고, 소규모 발전에 적합하다.

재생가능에너지의 종류에는 여러 가지가 있지만 대부분 태양으로부터 온다. 바람은 공기가 태양에너지를 받아서 이동하기 때문에 생기고 물의 흐름도 햇빛을 받아 증발한 수증기가 비가 돼 내려오기 때문에 발생한다. 바닷물이 햇빛을 받아 온도 차가 일어나기 때문에 파도와 해류가 발생하고, 바이오에너지로 활용할 수 있는 나무나 식물도 광합성을 통해 만들어지기 때문에 태양에너지가 원천이라고 할 수 있다.

우리나라는 '신에너지 및 재생에너지 개발·이용·보급 촉진법'에 따라 재생가능에너지원을 규정하고 있는데, 태양광, 태양열, 바이오매스, 풍력, 소수력, 지열, 해양에너지, 폐기물에너지와 같은 여덟 개 분야가 있다. 1차 에너지 중 신재생에너지가 차지하는 비중은 2003년 이후로 소폭 상승하고 있다. 그럼에도 불구하고 2007년 신재생에너지 비율은 전체 에너지 생산량 대비 2.37퍼센트에 불과하다. 그중에서 폐기물이 차지하는 비중이 77퍼센트를 차지하고 있어, 실제 태양열, 태양광, 풍력에너지의 비중은 매우 낮다.

정부는 국가에너지기본계획을 통해 2030년까지 신재생에너지 비중을 11퍼센트까지 확대한다는 목표를 세우고 있지만 OECD 국가 평균에 비해 매우 미약한 목표이다. 현재 OECD 국가의 1차 에너지 중 신재생에너지 비율은 6.4퍼센트, 전력 중 비율은 15.3퍼센트에 이르는 데 반해 한국은 0.6퍼센트, 1.0퍼센트 수준에 머물고 있다(OECD/IEA. 2008 Renewable Information 폐기물 제외 통계). 한국에서 신재생에너지 보급 비중을 확대하고 재생가능에너지 시장 활성화를 위해서는 재생가능에너지에 대한 산업화 전략을 수립하고, 발전차액 지원제도를 유지해 나가야 한다.

숲을 보호하고, 나무를 심자

숲을 파괴하는 것은 어리석은 일이다. 인간이 배출하는 온실가스의 17.3퍼센트는 바로 숲의 파괴 때문에 발생한다. 빠른 도시화, 농작물 재배를 위한 개간과 더불어 지구의 허파인 아마존과 열대림이 빠른 속도로 파괴되고 있다. 기후변화를 막기 위해서는 무엇보다 숲을 보호하고 나무를 심어야 한다. 특히 아마존과 열대림은 개별국가의 책임으로 볼 것이 아니라 지구 전체의 공유지로 전 세계가 공동으로 지키기 위한 노력을 기울여야 한다. 기후변화협약 당사국 총회에서는 산림이 빠르게 파괴되는 국가들이 산림을 지키고 보호하면 인센티브를 제공하는 것에 대해 논의하고 있다.

공동체와 사회안전망을 통해 적응 대책을 세우자

기후변화 적응 방안에는 예방, 초기 대응, 효율적 사후처리가 있다. 예방조치로 폭염이나 기상재해와 같은 자연재해에 관한 조기경보 시스템을 갖추고 기후변화에 취약한 계층을 대상으로 한 사전예방 정책을 펼쳐야 한다. 또 기후변화와 연관된 질병에 대해 사전에 연구하고 대비해야 한다.

기후변화 적응 정책을 수립하는 데 있어서 염두에 두어야 할 것은 사회안전망과 지역 공동체이다. 2004년 9월 강력한 허리케인이 중·남아메리카에 연달아 불어 닥쳤을 때, 아이티에서는 3,000명이 홍수로 익사했지만 쿠바에서는 단 한 명의 사망자도 발생하지 않았다. 아이티만큼 가난한 쿠바에서 사망자가 발생하지 않은 건 지역사회에 뿌리를 둔 재난대비 시스템을 갖추고 있었기 때문이다. 피델 카스트로가 장장 다섯 시간 동안 허리케인이 다가오고 있다는 생방송을 했고, 지역과 공동체에서는 허리케인이라는 재난에 일사불란하게 대처했다.

2003년 유럽을 덮친 폭염으로 유럽인들이 경험하지 못했던 특이한 고온현상에 갑자기 노출됐고, 그러한 변화에 노인과 어린이들이 더 큰 피해를 입었다. 특히 폭염은 노인층과 도시 거주자들 사이에서 사망률을 증가시켰다. 우리나라에서도 여름철 폭염으로 한낮에 밭일을 하던 노인과 건설현장 노동자가 사망하는 사례가 발생하고 있다. 1995년 시카고에서는 5일 동안 최고기온이 34~40℃인 폭염이 발생했는데, 다른 해와 비교해서 사망자 수가 85퍼센트 증가했고, 입원하는 경우는 11퍼센트가 증가했다. 이때에도 흑인 사망률이 백인에 비해 50퍼센트 높게 나타났다. 사회복지 시스템을 통해 사회적 약자를 지원하는 시스템을 갖춘다면 기후변화로 인한 인명 피해를 줄일 수 있다. 또한 작업장에서도 기후변화가 노동자들의 건강에 미칠 영향에 미리 대비하는 노동환경을 마련해야 한다.

종교계가 기후변화 대응에 나서자

2008년 한국을 찾은 생태신학자 숀 맥도나 신부는 "교회가 생태문제, 특히 기후변화 문제에 적극 대처해야 한다."라고 주장했다. 바티칸의 교황청 건물 지붕 위에도 태양광발전기가 설치돼 있다. 지구환경의 위기는 인간의 경제활동으로 인해 발생했기 때문에 그 해답 또한 인간이 가지고 있다. 그래서 종교계에서도 '기후변화' 문제에 대해 진지하게 접근하고 있다.

청파교회는 2007년 교회건립 100주년을 맞아 교인들의 헌금으로 지붕 위에 태양광발전기를 설치했다. 비행기로 출장이나 여행을 다녀온 교인들은 자발적으로 '탄소발생부담금'을 헌금으로 낸다. 청파교회에서는 음식물 쓰레기도 남기는 법이 없다. 목사님은 녹색 삶을 사는 것이 하나님의 말씀을 따르는 길이라고 말씀하신다. 기독교환경운동연대와 함께 한 달에 한 번 '차 없는 교회'를 실천에 옮기는 곳이 있는가 하면, 아예 교회 주차장을 공원으로 바꾼 교회도 있다.

불교의 연기적 세계관을 구현하는 '인드라망 생명공동체'는 지리산생명문화교육원에 햇빛발전소를 세웠다. 교육원과 실상사 작은학교는 햇빛이 만든 전기로 자립한다. 도법 스님은 축하 법문에서 "작은 햇빛발전소가 에너지 자립과 환경 순화를 위한 첫걸음이 되기를 바란다."라는 말씀을 하셨다. 전력공급이 여의치 않은 사찰 중에서 태양광에서 전기를 얻는 곳이 늘어나고 있다. 설악산 영시암, 오세암, 봉정암과 문경 봉암사의 암자인 백운암에는 태양광발전기가 설치돼 있다. 부안의 부안성당과 원불교당에 태양광 시민발전소 2, 3호기가 나란히 설치돼 있다. 부안 지역에 햇빛발전소를 만들 때 앞장선 분들이 신부님과 원불교 교무님이다. 기후변화는 삶에 대한 문제이고 개개인의 생활의 변화가 중요하기 때문에 종교계에서 관심을 가지고 기후변화 대응에 나서는 것이 매우 중요하다.

기후변화, 교육이 '희망'이다.

기후변화의 심각성을 알리고 기후변화를 막기 위한 실천을 할 수 있도록 교육 프로그램을 마련해야 한다. 기후변화 교육은 우리가 일상생활에서 소비하는 에너지가 기후변화와 어떻게 연결되는지를 인식하고 온실가스 배출을 줄이는 것을 실천하도록 만드는 데 있다. 모든 교육의 궁극적인 목표는 바로 알고 실천하는 데 있다.

1단계는 무엇보다 현재까지 지구에서 일어나고 있는 기후변화에 대한 과학적 사실과 현상을 보여 주는 것이다. 문제의 심각성에 대해 인식하는 단계다. 2단계는 기후변화의 원인에 대해 설명한다. 기후변화와 일상생활에서의 에너지 사용과 상품 소비가 어떻게 연결돼 있는지를 설명해야 한다. 기후변화 대응에 있어서 에너지 문제만이 아니라 상품 소비와 폐기물 또한 기후변화의 원인이 된다는 것을 이야기해야 한다. 기후변화 대응은 우리 삶의 방식 전반에 대해 돌아봐야 한다는 것을 의미한다. 3단계에서는 에너지 절약을 강조하기 이전에 에너지 생산과 소비 과정에서 발생하는 문제점에 대해 보다 상세히 설명할 필요가 있다. 따라서 기계적으로 에너지 절약을 강요하기보다는 인식전환을 통해 자연스럽게 에너지를 절약하는 습관을 갖도록 해야 한다. 인식전환의 힘은 에너지 절약을 했을 때 인센티브를 제공하는 것보다 몇 배나 오래간다. 4단계에서는 기후변화를 막을 수 있는 구체적인 실천 내용을 제시한다. 실천 내용은 개인이 생활 속에서 실천할 수 있는 것과 정부가 정책적으로 취해야 할 내용을 균형감 있게 다뤄야 한다. 기후변화 문제는 개인의 각성도 물론 중요하지만 각 국가의 정치적 결단이 필요한 것임을 강조할 필요가 있다. 또한 우리나라가 이산화탄소 배출 세계 9위 국가로서 가지고 있는 역사적 책임과 '기후정의'에 대한 내용을 다룰 필요가 있다. 5단계에서는 기후변화 대응을 위한 가장 적극적인 대안으로 에너지 소비자에서 생산자로 전환하도록 유도한다. 재생가능에너지를 확대하기 위한 시민발전에 참여하도록 하는 단계이다.

기후변화가 우리에게 더 큰 재앙을 가져다주기 전에 이에 대비할 수 있는 준비를 해야 하고, 그 기본은 교육을 하는 것에서부터 시작해야 한다. 기후변화 교육은 삶의 방식을 바꾸는 교육이어야 한다.

이제는 행동이다

  기후변화는 지구의 미래를 위협하는 크나큰 '도전'이다. 지구가 대량생산, 대량소비에 기반을 둔 인간의 경제 시스템을 향해 던지는 '경고'다. 인류는 기후변화의 원인이자 우리들의 욕망이 빚어 낸 결과인 '온실가스'를 어떻게 줄일 수 있을 것인가에 대한 해법을 찾아야 한다.

  선진국 사람들의 성장과 소비 욕망에 대한 제어, 가난한 사람들의 생존을 위한 성장에 대한 인정과 같은 대타협 없이는 에너지와 기후변화 문제를 풀 수가 없다. 한편으로 기후변화에 대응하기 위해서는 석유회사, 항공사, 정부와 싸우면 되는 게 아니라 우리 자신과도 싸워야 한다.

"나를 포함해 대부분의 환경운동가들은 위선자들이기 때문이다. 환경운동가들 중 아무도 그들이 다른 사람들에게 강요하고 있는 방식대로 살고 있다고 자신 있게 말할 수 없을 것이다. 이전의 다른 대중 저항 운동과 달리 이 운동은 풍요가 아니라 내핍을 위한 운동이다. 더 많은 자유가 아니라 더 적은 자유를 위한 운동이다. 가장 이상한 것은 다른 사람들에 대항하는 것일 뿐만 아니라 자신에게 대항하는 운동이라는 사실이다."

－『CO_2와의 위험한 동거』 중에서

지금 우리에게 필요한 것은 화석연료에 의존하는 산업과 경제, 삶의 양식 전반에 대한 반성이다. 처절한 반성 속에서만 기후변화에 맞서 싸울 수 있는 의지와 전략을 세울 수 있다는 점을 마음에 새겨야 한다. 온실가스 배출을 줄일 수 있는 마법과 같은 '묘안'은 어디에도 없다. 거대한 지구에서 온실가스를 진공청소기처럼 빨아들일 수 있는 기술은 불가능하다. 우리가 인정해야 할 것은 바로 이 부분이다. 재생가능에너지는 아직 조금은 부족하다. 원자력은 결코 대안이 될 수 없다. 핵융합과 인공태양은 아주 먼 미래의 이야기이며, 가능성조차 불투명하다. 결국 현재 배출하는 온실가스 자체를 줄여야만 한다.

그렇다면 우리 중 누구라도 기후변화를 막기 위해 당장 따뜻한 집, 대낮같이 밝은 불, 맛있는 음식, 편리한 자동차, 비행기 여행을 포기할 수 있는가? 지구온난화에 대한 해답은 선진국 국민들이 화석연료의 달콤함을 포기하는 '희생'을 하지 않는 한 답을 찾을 수 없다. 안타깝게도 우리는 지금 당장 일어나서 불을 끄고, 난방온도를 낮추고, 해외여행을 포기하는 행동에 나설 만큼 위기의식을 갖고 있지 못하다.

과학자들은 수년 이내에 탄소감축을 위한 적극적인 노력을 해야 하며, 적어도 모든 노력의 목표시점은 2020년이 돼야 한다고 경고하고 있다. 지구가 현재 처한 상황과 지구 68억 인구가 기후변화에 대해 인식하는 간극의 차이를 줄이는 일이 시급하다. 또한 과학기술 발달에 의존해 애매한 협상에 의지하기보다는, 정책을 바꿔야 하고 바뀐 정책을 바로 실행에 옮겨야한다.

국제적인 환경단체 '지구의 벗'을 이끌어 온 리카르도 나바로도 "기후변화 때문에 사람이 죽어 가는데 450피피엠, 550피피엠과 같은 온실가스 농도를 두고 협상을 하는 것은 옳지 않다. 보트에 구멍이 나서 가라앉기 시작했고 당장 헤엄을 쳐야 살아남을 수 있는 순간인데 회의만 하고 있는 것은 문제가 있다."라고 주장한다. 과학자들의 경고를 받아들여 이제는 어떻게 줄일 것인가에 대한 직접 행동이 필요한 시점이라는 것이다.

우리 정부도 지금까지와는 다른 준비가 필요하다. 우리가 앞으로 '저탄소 사회'를 향한 마라톤을 해야 한다면 지금부터 신발 끈을 동여매고 달릴 준비를 해야 한다. 원자력에너지 사용 확대에만 사활을 걸 것이 아니라 사회 전체를 저탄소 사회에 맞게 재조직해야 하며, 그 일에 우리 모두가 참여해야 한다. 기후변화라는 지구 공동의 위기에서 우리는 모두 '당사자'이며, '당사자'들의 적극적인 행동만이 지구를 위기로부터 구할 수 있기 때문이다.

1) '기후변화에 관한 정부 간 협의체'는 1988년 세계기상기구와 유엔 환경계획이 공동으로 설립한 협의체다. 기후변화와 관련된 과학적인 연구와 현실적인 대안을 모색하기 위한 연구 작업을 하고 있다. 1990년 이래 5~6년 간격으로 기후변화 평가보고서(1990, 1995, 2001, 2007)를 발간하고 있다.

2) 4차 평가보고서는 약 6년간에 걸쳐 130여 개국에서 500명의 주요 저자와 2,000여 명의 전문가 검토를 통해 작성됐다. 보고서는 실무 그룹1(기후변화과학), 실무그룹2(기후변화 영향, 적응, 취약성), 실무그룹3(배출량 완화)으로 구성돼 있다.

3) 기후변화란 자연적인 기후변동에 추가하여 인간 활동에 의해 직간접적으로 일어나는 변화를 의미한다.

4) 1906~2005년 지구 평균기온 상승은 0.74°C로 3차 평가 보고서의 0.6°C(1901~2000)보다 높았다.

5) 국무조정실, 『기후변화협약 대응을 위한 적응 부문 시책 수립방안 연구』, 기상연구소, 2004.

6) '극한기후'는 통계적으로 볼 때 상위 또는 하위 5퍼센트에 해당하는 기후를 가리킨다. 예를 들어 지금까지 8월에 강수량이 최저 0밀리미터에서 최고 100밀리미터였고 올해 8월의 강수량이 5밀리미터 이하이거나 95밀리미터 이상이라면 극한기후로 말할 수 있다는 것이다(한국기상연구소).

7) 육지에서의 지표 부근의 기온과 해면 수온의 평균.

8) ppm(parts per million). 100만분의 1을 나타내는 단위.

9) ppb(parts per billion). 10억분의 1을 나타내는 단위. 수질오염도나 대기오염도를 나타내는 단위로 ppm이 널리 사용되는데 농약과 같이 환경 중에서 검출되는 양이 극미량일 경우에는 ppb를 사용한다.

10) 빙하는 눈이 오랫동안 쌓여 다져져 육지의 일부를 덮고 있는 얼음층을 말하는데 크게 세 종류가 있다. 계곡을 채우면서 천천히 흐르는 '곡빙하'가 있고, 극지방의 넓은 지역을 덮으면서 그 넓이가 5만 제곱킬로미터를 넘으면 '빙상(ice sheet)', 산꼭대기를 덮

으면서 그보다 좁으면 '빙모(ice cap)'라고 부른다.

11) 태풍, 허리케인, 사이클론은 같은 기후현상이다. 어느 바다에서 발생했느냐에 따라 이름이 다르다.

12) 미국합동태풍경보센터가 정의한 슈퍼태풍의 순간 최대 풍속은 초속 65미터다.

13) 가브리엘 워커·데이비드 킹, 양병찬 옮김, 『핫 토픽: 기후변화, 생존과 대응전략』, 조윤커뮤니케이션, 2008, 63쪽.

14) 농작물의 수확 잠재력은 1~3℃ 상승에 따라 주로 고위도 지역에서 증가하지만, 저위도(건조 지역)의 경우 잠재력이 감소해 기근의 위험이 증가한다.

15) 사회가 환경친화적으로 유지되면, 금세기 말에 기온은 최저 1.1℃, 해수면은 18~38센티미터 상승할 것으로 전망했다.

16) 권원태·백희정·최경철·정효상, 「국가 기후변화 적응 전략 수립 방안에 관한 연구」, *Journal of Atmosphere*, 제15권 제4호, 한국기상학회, 2005, 216쪽.

17) 기후변화협약 대책위원회, 『기후변화협약 대응 제3차 종합대책』, 2006.

18) 국무조정실, 『기후변화협약 대응을 위한 적응 부문 시책 수립방안 연구』, 기상연구소, 2004.

19) 국립기상연구소, 『기후변화 이해하기Ⅱ-한반도 기후변화: 현재와 미래』, 2009.

20) 조광우·김지혜·정휘철 외, 『지구온난화에 따른 한반도 주변의 해수면 변화와 그 영향에 관한 연구Ⅱ』, 한국환경정책평가연구원, 2002, 149쪽.

21) 송경란, 「최근 5년간 우리나라 기후특징」, 『기상과 수문』, 제1권, 2007, 24~26쪽.

22) 통일부 보도자료, 2007.8.19.

23) IPCC 4차 종합보고서 SPM.3.

24) 이 회의에서는 선언적 의미의 '리우선언'과 '의제21(Agenda21)'을 채택하고, '지구온난화방지협약', '생물다양성보존협약' 등에 수십 개국이 참여하면서 지구환경보호 활동의 수준을 한 단계 높였다.

25) 기후변화협약 제1조는 기후변화를 '전 지구 대기의 조성을 변화시키는 인간의 활동이 직접적 또는 간접적으로 원인이 돼 일어나고, 충분한 기간 동안 관측된 자연적인 기후변동성에 추가하여 일어나는 것'이라고 정의하고 있다. 기후변화를 일으키는 대기 조성의 변화는 온실가스 농도 증가를 의미한다.

26) 1995년 3월, 독일 베를린에서 개최된 기후변화협약 1차 당사국총회에서 협약의 구체적 이행을 위한 방안으로 2000년 이후의 온실가스 감축 목표에 관한 의정서를 1997년 3차 당사국총회에서 채택키로 하는 베를린 위임사항(Berlin Mandate)을 채택함에 따라 1997년 3차 당사국 총회에서 교토의정서가 최종적으로 채택됐다.

27) '부속서1' 국가 41개국은 2008년부터 2012년 사이에 온실가스 총배출량을 1990년 수준보다 평균 5.2퍼센트 감축할 의무를 갖는다. 부속서1 국가는 원래 '40개국+EC(유럽공동체)'였다. 40개국은 경제협력개발기구(OECD) 소속 선진국들과 동유럽의 이른바 '경제전환국들'이다.

28) 각국의 감축 목표량은 -8~+10퍼센트로 차별화했고, 1990년 이후의 토지 이용 변화와 산림에 의한 온실가스 제거를 의무이행 당사국의 감축량에 포함토록 했다. 그 예로 EU는 8퍼센트, 일본은 6퍼센트의 온실가스를 2012년까지 줄여야 한다.

29) 유엔개발계획(UNDP)은 개발도상국의 경우 BAU 감축을 감안해 구체적인 수치를 밝히고 있지 않지만, 선진국의 경우 1990년 대비 평균 30퍼센트는 감축해야 한다고 주장했다. 또한 UNDP는 1990년 수준으로 배출량이 복귀해야 하는 시기를 2020~2025년 사이로 예상했는데, 이는 Greenpeace(2009) 등이 주장하는 수치보다 소극적이지만 큰 차이를 보이지는 않는다.

30) BAU(Business As Usual)는 특별한 조치를 취하지 않을 경우 배출될 것으로 예상되는 미래 전망치, 즉 국민경제의 통상적 성장 관행을 전제로 유가변동, 인구변동, 경제성장률 등에 따라 영향을 받을 미래의 온실가스 배출 추계치를 말한다.

31) 2009년 9월 8일 영국 런던에서 스턴 교수를 만나 진행한 인터뷰 내용.

32) 이헌석, 「온실가스 감축 발목 잡는 원자력」, 프레시안, 2008.12.9.

33) 이산화탄소톤은 이산화탄소가 얼마나 배출됐는지를 무게로 나타내는 단위다. 다른 온실가스도 이산화탄소를 기준으로 환산한다. 메탄은 이산화탄소보다 온실효과가 21배 강하기 때문에 메탄 1톤은 이산화탄소 21톤으로 계산한다.

34) 지식경제부 보도자료, 2009.2.3. http://www.mke.go.kr

35) TOE(Ton of Oil Equivalent)는 석유환산톤으로 국제에너지기구(IEA)에서 정한 에너지 열량 단위다. 원유 1톤을 연소할 때 발생하는 에너지를 1TOE(석유환산톤)이라고 한다.

36) 산업 부문에서 사용하는 에너지를 포함하면 배출량은 더 증가한다.

37) UNEP, 『유엔 기후중립 가이드-CCCC』, 2008, 38쪽.

38) 국제에너지기구(IEA) 홈페이지. http://www.iea.org/textbase/papers/2005/standby_fact.pdf

참고문헌

국내문헌

가브리엘 워커·데이비드 킹, 양병찬 옮김, 『핫 토픽: 기후변화, 생존과 대응전략』, 조윤커뮤니케이션, 2008.

권원태·백희정·최경철·정효상, 「국가 기후변화 적응 전략 수립 방안 에 관한 연구」, *Journal of Atmosphere,* 제15권 제4호, 한국기 상학회, 2005.

기상연구소 기후연구실, 「한반도 기후 100년 변화와 미래 전망」, 2004.

기스베르트 슈트로트레스, 이필렬 옮김, 『바람과 물과 태양이 주는 에너지』, 창비, 2004.

다냐르 고드레지, 김민정 옮김, 『기후변화, 지구의 미래에 희망은 있는 가』, 이후, 2007.

그래고리 앨보 외, 리오 패니치·콜린 레이스 엮음, 허남혁 외 옮김, 『자연과 타협하기』, 필맥, 2007.

송경란, 「최근 5년간 우리나라 기후특징」, 『기상과 수문』, 제1권, 2005.

앤서니 기든스, 홍욱희 옮김, 『기후변화의 정치학』, 에코리브르, 2009.

앨 고어, 김명남 옮김, 『불편한 진실』, 좋은생각, 2006.

이유진, 『동네에너지가 희망이다』, 이매진, 2008.

이유진, 『기후, 에너지』, 경기의제21, 2009.

이유진 외, 「2006년 환경신호등: 한국 환경질 변화에 관한 보고서」, 『한국환경보고서 2007』, 녹색사회연구소, 2007.

조광우·김지혜·정휘철 외, 『지구온난화에 따른 한반도 주변의 해 수면 변화와 그 영향에 관한 연구Ⅱ』, 한국환경정책평가연구원, 2002.

조지 몬비오, 정주연 옮김, 『CO$_2$와의 위험한 동거: 저탄소 녹색 지 구를 위한 특별한 제안』, 홍익출판사, 2008.

폴 마티스, 이수지 옮김, 『재생 에너지란 무엇인가?』, 황금가지, 2006.

외국문헌

IPCC, "Contribution of Working Group I to the Fourth Assessment Report of the Intergovernmental Panel on Climate Change", 2007.

IPCC, "Climate Change 2007: Synthesis Report. Contribution of Working Group I, II and III to the Fourth Assessment Report of the Intergovernmental Panel on Climate Change", 2007, p.104.

IEA/OECD, CO_2 Emissions from Fuel Combustion (1971~2004), 2006.

Robert Henson, *The Rough Guide to Climate Change*, ROUGHGUIDES, 2007.

큰글자 살림지식총서 014

기후변화 이야기

펴낸날	초판 1쇄 2012년 10월 15일
	초판 2쇄 2017년 8월 3일

지은이	이유진
펴낸이	심만수
펴낸곳	(주)살림출판사
출판등록	1989년 11월 1일 제9-210호

주소	경기도 파주시 광인사길 30
전화	031-955-1350 팩스 031-624-1356
홈페이지	http://www.sallimbooks.com
이메일	book@sallimbooks.com

ISBN	978-89-522-2105-6 04080
	978-89-522-3549-7 04080 (세트)

※ 이 책은 큰 글자가 읽기 편한 독자들을 위해
   글자 크기 14포인트, 4×6배판으로 제작되었습니다.